CHARLIE W. SHEDD · BRIEFE AN KAREN

CHARLIE W. SHEDD

# Briefe an Karen

AUSSAAT VERLAG NEUKIRCHEN-VLUYN

Die amerikanische Originalausgabe erschien unter dem Titel „Letters to Karen". Copyright © 1965 by Abingdon Press, Nashville. Ins Deutsche übertragen von Hans-Georg Noack.

FÜR VINCENT,
unseren klugen, jungen Schwiegersohn, der zu wissen scheint, daß man nur ganz geliebt wird, wenn man ganz liebt.

5. Auflage 1996
Deutsches © 1967 by Aussaat Verlag GmbH,
Neukirchen-Vluyn
Titelgestaltung: Hartmut Namislow,
Neukirchen-Vluyn
Satz: MZ-Verlagsdruckerei, Memmingen
Druck: Jacob Druck GmbH, Konstanz
Printed in Germany
ISBN 3-7615-3539-2
Bestellnummer 113 539

*Vorwort*

Diese Briefe sind an Karen gerichtet. Sie ist eine der freundlichen jungen Evastöchter, die unser Land verschönen. Karen ist vielseitig. Vor allem ist sie friedliebend. Aber für den Kampf ist sie mit sehr viel List ausgerüstet (sie hat vier Brüder.) In Jeans und Bluse hat sie ebensoviel Charme wie das Mädchen von nebenan. Sie kann aber auch sehr elegant sein, wenn sie zum Tanz geht. Manchmal ist sie ein rechter Wildfang, dann wieder kann man mit ihr tiefsinnige Gespräche führen.
Lebhaft und liebenswert, hübsch und heiter, einnehmend und weise — das alles ist Karen!
Ich bin ihr Vater, und ich weiß, was Sie jetzt denken. Sie haben sogar recht. Manche Väter sind wirklich voreingenommen. Aber wenn Sie Karen so gut kennten wie ich, müßten Sie gestehen: „Du sagst die lautere Wahrheit!"
Einige Monate vor ihrer Hochzeit bat mich Karen, ihr einige besondere Briefe zu schreiben. „Vater", sagte sie mit ihrem überzeugendsten Strahlen, „du mußt mir sa-

gen, wie ich mir seine Liebe für alle Zeit erhalten kann!"
Aus zwei Gründen äußerte meine Tochter diesen Wunsch. Erstens bin ich Pfarrer, und als solcher habe ich mit zahllosen Paaren über Eheprobleme gesprochen. Außerdem habe ich mich manche Stunde mit Ehemännern oder Ehefrauen allein unterhalten.
Das ist heutzutage nicht ungewöhnlich. Die meisten meiner Amtsbrüder müssen sich mit den Eheschwierigkeiten in ihren Gemeinden beschäftigen. Aber was können wir erreichen?
Manchmal nur sehr wenig. Das gilt besonders dann, wenn die Meinungen sich bereits verhärtet haben. Dann möchten sie keinen Rat mehr, sondern nur noch Zustimmung hören.
Manchmal möchte der eine Teil noch verhandeln, der andere aber nicht. Dann können wir nur bedrückt beobachten, wie wieder eine Familie unter Klagen und Widerklagen, Bitternis und Rachsucht zerbricht.
Wie jeder andere es auch tun würde, versuchen wir, die Bruchstücke aufzulesen. Das ist besonders schwierig, wenn Kinder da sind. Sie lassen uns manchmal an zerbrochene Eier denken, unter denen der Wind das Nest fortgeweht hat.
Dann erleben wir aber auch glückliche Tage, an denen alles gut ausgeht. Häufig liegt das nicht an uns. Wir fühlen eine geheimnisvolle Gegenwart, einen „heiligen Anstoß", der einer größeren Weisheit als der unseren entstammen muß. Das wird für jeden Pfarrer zu einem der glücklichsten Erlebnisse. Die Streitenden küssen und vertragen sich. Gerissene Saiten schwingen wieder.
Und so ist es: Irrungen verwundern uns, Fehlschläge lassen uns demütig werden, Erfolge geben uns den Mut, es immer

wieder aufs Neue zu versuchen. Und so bete ich jedesmal, wenn diese Paare in mein Zimmer treten, mit den britischen Fischern: „Hilf uns, Gott! Das Meer ist so groß, und unsere Boote sind so klein!"
Sie werden zugeben, daß der Wunsch meiner Tochter vernünftig war. Gewisse Gesetze gelten für jede Ehe. Aber jede Ehe wird auch zu einem neuen Beispiel mit ihren eigenen, einzigartigen Verknüpfungen.

Diese Briefe sind von den Gebeten eines Vaters begleitet, damit sie einer bestimmten Frau und ihrem geliebten Mann helfen mögen.
Aber die meisten von uns brauchen jede erdenkliche Hilfe, um die Gesetze der Liebe besser zu erfüllen. Wir brauchen Hilfe, um die Sprache der Hingabe zu erlernen.
Weil das wahr ist, werden diese Briefe hier mit dem zusätzlichen Wunsch veröffentlicht, daß sie auch anderen helfen mögen — jungen, reifen und älteren Menschen, die ihre Herausforderung annehmen wollen.
Gibt es eine größere Hoffnung? Falls es uns gelingt, glücklichere Ehen zu schaffen, dürfen wir uns zufrieden sagen, daß wir mitgeholfen haben, eine gesündere Gesellschaft zu bauen.
Ich sagte, daß zwei Gründe meine Tochter bewegten, mich um diese Briefe zu bitten. Sie ist eine sehr kluge junge Dame, aber das sagte ich ja schon. Sie weiß auch, wie wenig ihr Vater wirklich weiß. Aber sie weiß auch noch etwas anderes.
Ihr zweiter Grund ist der Gegenstand des ersten Briefes.

CHARLIE W. SHEDD

**HEIRATEN**
heißt nicht, den richtigen Menschen
*finden*, sondern der richtige Mensch
*sein*.

*Inhalt*

| | |
|---|---:|
| Das Beispiel | 11 |
| Unser Wissen ist Stückwerk | 13 |
| Glücklichsein heißt Wachsen | 19 |
| Gewährt einander Freiheit | 24 |
| Die kleinen Wichtigkeiten | 31 |
| Das Gute betonen | 33 |
| Zeige ihm, daß Du ihn bewunderst | 37 |
| Launen, Launen, Launen! | 44 |
| Die Brücke der Verständigung | 48 |
| Auge in Auge | 58 |
| Es tut mir leid, Liebling! | 70 |
| Demut und Aufrichtigkeit | 76 |
| Durchbruch zum wahren Selbst | 82 |
| Das Baby und der Muskelmann | 89 |
| Sexualität als Sakrament | 95 |
| Unterschiede zwischen Mann und Frau | 100 |
| Heilige und Sünderin | 110 |
| Das liebe Geld | 119 |

| | |
|---|---:|
| Habe nur Deine eigenen Wünsche! | 125 |
| Glücklicher Haushalt | 132 |
| Würziger Küchenduft | 135 |
| Im Mißgeschick | 142 |
| Der Blick nach draußen | 146 |
| Wenn nichts hilft | 153 |
| Größer als Ihr zwei | 155 |

*Das Beispiel*


MEINE LIEBE KAREN,

Du warst immer eine tüchtige kleine Person, und ich sehe, daß sich daran nichts geändert hat. Es heißt: „Mit Schmeichelei erreicht man alles!" Diesmal stimmt es, denn Du hast mich sehr schnell an die Schreibmaschine gebracht. Würde nicht jeder Vater stolzgeschwellt solche Bewunderung genießen? Man stelle sich vor: Soviel hält *meine* Tochter von *meiner* Meinung!
Doch als ich mich zum Schreiben niedersetzte, ging mir ein Licht auf. Deine Bitte ist wirklich ein wunderschönes Kompliment — aber nicht für mich. Seit zwanzig Jahren kennst Du das Musterbeispiel.
Du hast mir also wieder einmal einen Streich gespielt, aber ich nehme Deinen Wunsch glücklich als das hin, was er tatsächlich ist: ein schönes Kompliment für Deine Mutter.
Du weißt, wie wenig ich mich auf manchen Gebieten auskenne. Aber Du weißt auch, daß ich mindestens auf einem

Gebiet eine unumschränkte Autorität bin. Ich weiß nämlich aus erster Hand, wie herrlich es ist, von einer Frau geliebt zu werden, die eine wahre Meisterin in der Kunst ist, eine Frau zu sein.
Es wird mir viel Freude bereiten, den Menschen zu beschreiben, den ich am meisten liebe, und so werde ich sicher sehr bald den nächsten Brief folgen lassen.

In Liebe
Dein Vater

*Unser Wissen ist Stückwerk*

M%%EINE LIEBE KAREN,%%

in Deinen Oberschuljahren warst Du mit vielen Jungen befreundet. Wir waren immer sehr gespannt, wenn Du einen neuen Freund mit heimbrachtest. Ob es wohl diesmal der Richtige war?
Wenn mein Gedächtnis mich nicht trügt, war keiner von allen ein völliger Reinfall. Wir bewunderten Deinen Geschmack. Alle sahen gut aus; selbst der große Clown, von dem Du einmal sagtest: „Er ist so komisch, daß er schon wieder niedlich ist", kam uns nicht allzu schlimm vor. Irgend etwas gefiel uns an jedem Jungen, mit dem Du Dich trafst.
(Mir fällt gerade ein, daß einer dabei war, von dem Du meintest, er sei „wie ein verlorenes Hündchen, das nach einer Hütte sucht". Wir fürchteten schon, er würde niemals wieder fortgehen. Der kam einer Ausnahme in Deiner Sammlung vielleicht am nächsten.)

Mutter und ich sprachen über die Jungen, und wir waren stolz auf Deine Freunde. Sie hatten gute Manieren, waren sauber und gepflegt, wenn es darauf ankam, und sie waren „großartige Autofahrer". Wenigstens hast Du das immer behauptet.
Besonders dieser riesige Fußballspieler stach uns ins Auge. Er muß ein Vermögen für Ferngespräche mit Dir ausgegeben haben. Er erinnerte uns an einen Bernhardiner — riesig, aber freundlich und leicht zu leiten.
Und dann kam der Abend, den ich nie vergessen werde. Damals hattest Du Dich schon eine Zeitlang regelmäßig mit ihm verabredet. Ich war noch auf, als Du heimkamst und mir sagtest, daß er nun auch von Deiner Liste gestrichen sei. Du weißt ja, wie Väter sind. Ich fürchtete, es habe sich etwas Unangenehmes ereignet.
„Nein", versichertest Du, „er ist wirklich nett. Aber ... Vater, können wir nicht gleich noch ein wenig miteinander reden?"
Wenn ich mich recht erinnere, gebrauchtest Du genau diese Worte: „Manchmal mache ich mir Gedanken über mich selbst. Anscheinend finde ich alle Jungen, die ich kenne, nur für einige Zeit nett, und dann langweilen sie mich. Wenn wir ein paarmal zusammen ausgegangen sind, weiß ich alles von ihnen, was sich zu wissen lohnt. Glaubst du, daß mit mir irgend etwas nicht stimmt? Ich habe Angst, wenn ich daran denke, daß ich einmal heiraten werde! Wie soll ich denn mein ganzes Leben immer mit ein und demselben Mann aushalten? Glaubst du, daß ich jemals einen so interessanten Mann finden werde, der es versteht, mich für immer zu fesseln?"
Selbstverständlich ermutigte ich Dich. Eines Tages würde von irgendwoher ein junger Mann auftauchen, der genug

Seele besäße, um Dich für allezeit zu fesseln. Du warst da nicht so sicher, und dann sagtest Du etwas, das mich stark bewegte: „Vater, heute abend habe ich mich entschlossen. Ich werde niemals heiraten, wenn mir nicht ein Mann begegnet, der so großartig ist, daß ich ein ganzes Leben brauche, um ihn ganz kennenzulernen."
Ich fand das wunderbar. An diesem Abend hast Du schon die Hand ausgestreckt, um den Pulsschlag Deines künftigen Mannes zu fühlen.
Die Zeit verging, und plötzlich reckten sich alle Deine Fragezeichen und wurden zu Ausrufungszeichen!
Zuerst erfuhren wir eines Abends kurz nach dem Essen davon. Du riefst von der Universität aus an. Weißt Du noch? Deine Stimme klang begeistert und ehrfürchtig, als Du sagtest: „Vater, hier bei uns bedient ein fabelhafter Junge bei Tisch! Das ist der interessanteste Mensch, dem ich je begegnet bin. Er ist schon so oft rund um die Welt gefahren." (Das sagtest Du, aber vermutlich hat er höchstens zwei Weltreisen gemacht, denn bei der Marine kann man kaum mehr schaffen, wenn man nicht von Beruf Seemann ist.)
Wie ein Wasserfall sprudelte es aus Dir heraus: „Über alles weiß er viel mehr als ich! Und geschickt ist er! Vom Fernsehen versteht er alles. Das ist sein Hauptfach. Und für Lateinamerika ist er ein richtiger Spezialist. Das ist sein zweites Hauptfach. Ach, ich habe dir ja noch gar nicht gesagt — Vincent heißt er. Ist das nicht der schönste Name, den es gibt? Er verdient sich sein Studium selbst. Außerdem sieht er auch noch gut aus, und ich habe noch niemanden kennengelernt, der die Menschen so gut versteht wie er. Alle sind begeistert von ihm, weil er über alles sprechen kann, wovon gerade die Rede ist. Und weißt du

noch, Vater, wie begeistert Mutter und du von Griechenland wart? Über Griechenland weiß er auch alles. Sein Schiff hat drei Wochen dort gelegen!"
Und so weiter, und so weiter ...
Ich erinnere mich genau, daß Du soviel zu erzählen hattest, daß ich vorübergehend sogar vergaß, daß es sich dabei um ein R-Gespräch handelte. Mir kam der Gedanke, daß ich meinen Freund Jim, der Abteilungsleiter einer Telefongesellschaft ist, einmal fragen müßte, ob es für historische Ereignisse keine Sondergebühren gibt.
Dann überschüttetest Du mich mit einer Menge wunderlicher Dinge, und wir sprachen weiter. Endlich fand ich wieder auf die Erde zurück und dachte, daß vielleicht auch Gemeindemitglieder einmal in Not geraten könnten. Für alle Fälle war es wohl doch gut, das Telefon irgendwann in näherer Zukunft wieder freizugeben.
Schließlich vereinbarten wir, daß er Dich in seinem traumhaften kleinen Volkswagen nach Hause bringen solle, sobald ihm seine zahlreichen Arbeiten Zeit dazu ließen, damit ihn die ganze Familie bestaunen könne.
„Worüber habt ihr denn so lange gesprochen?" fragte einer Deiner Brüder, als ich auflegte. „Über Karens zukünftigen Mann", verkündete ich. „Ihren was?" riefen alle einstimmig, und es gab an jenem Abend noch ein sehr langes Familien-Palaver.
Dann brachtest Du ihn mit, und wir verstanden, was Du meintest. Das war der erträumte Mann, von dem Du damals gesprochen hattest.

Die größten Worte, die je über die Liebe geschrieben worden sind, befinden sich im 13. Kapitel des 1. Korintherbriefes. Wenn Du sie wieder einmal liest, wirst Du bemer-

ken, daß nur ein Gedanke in diesem Kapitel sich wiederholt: „Unser Wissen ist Stückwerk."
Der Schreiber dieses Briefes scheint sagen zu wollen: Sieh Dir einmal die zahllosen Erscheinungsformen der Liebe an. Hier ist etwas, das Du wieder begreifen mußt: Es kommt nicht darauf an, daß wir die ganze Schönheit menschlicher Beziehungen auf einmal erkennen!
Dafür sollten wir ewig dankbar sein. Ich bin zum Beispiel sehr dankbar, daß die Menschen mich nicht ganz und gar durchschauen können. Aber ist es nicht ebensogut, daß wir nicht alles von den anderen Menschen wissen? Gäbe es diesen doppelten, wechselseitigen Schutz nicht, so würden wir vermutlich alle in das verrückte Liedchen einstimmen: „Stoppt die Welt! Ich steige aus!"
Bezieht der Satz vom Stückwerk sich aber auf die Ehe, so ist es ein ganz besonderes Geschenk, mit einem Menschen verheiratet zu sein, bei dem es Inseln zu entdecken, Berge zu ersteigen, Täler zu durchforschen gibt und immer neue Wunder in seinem fernsten Innern locken — Größeres kann uns nicht widerfahren!
Dieses Geschenk wirft aber auch einige Probleme auf. Man lernt nicht auf einmal, wie man einem solchen Menschen begegnen muß. Gewiß werden die Tage niemals langweilig, wenn man diese Reise erst angetreten hat; aber andererseits gibt es manchmal auch Ärger.
Wenn Du zum Beispiel denkst: Warum tut mein Mann nur so etwas Verrücktes? Werde ich jemals verstehen, warum er so und nicht anders handelt? — wenn Du so denkst, dann solltest Du dankbar sein, einen Mann zu haben, den Du nicht auf einmal begreifen kannst.
Diese Schönheit des nur teilweisen Kennens macht das Zusammensein mit dem geliebten Menschen so faszinierend.

Es kann Dich erschöpfen, wenn Du es zuläßt. Aber es kann Dein Herz auch unablässig vor Lebensfreude singen lassen.
Deine Mutter und ich sind sechsundzwanzig Jahre verheiratet, und — das ist die volle Wahrheit — in ihrer Seele entdecke ich sie Tag für Tag neu. Ich bemerke noch immer Neues an ihr, und ich bin noch immer dankbar für diesen ungewöhnlichen Menschen, daß ich ein ganzes Leben brauchen werde, um ihn ganz zu kennen, und jeden Tag freue ich mich erneut, daß unser Wissen Stückwerk ist.
Du erinnerst Dich sicher noch an Aletha. Sie half uns, Dich zu versorgen, als Du noch klein warst. Wir wurden so gute Freunde, daß wir alles bedenkenlos in Gegenwart des anderen aussprechen konnten. Und wenn wir einmal zu streng waren, oder wenn wir zu heftig mit einem von Euch Kindern sprachen, dann nahm sie Euch in die Arme und sagte: „Ach was! Sie müssen nur noch ein Weilchen auf Gott warten!"
Das ist ein wunderschönes Wort für Eltern. Und es wirkt auch Wunder für einen Mann und eine Frau, die versuchen, zwei Leben in eines zu verschmelzen.
Drängt nicht zu sehr! Betet um Geduld! Gebt jeder dem anderen die Möglichkeit zum Wachsen!
Horch! Hörst Du, was ich höre? Es klingt wie eine ferne, dumpfe Trommel. Wir werden sie noch oft hören, wenn wir zusammen weitergehen, und dies sind die Worte, die sie uns einhämmern will:
*Die Ehe ist keine Zeremonie, sie ist eine Schöpfung!*

    Viel Freude im großen, unbekannten Land!
                                        Dein Vater

*Glücklichsein heißt Wachsen*

MEINE LIEBE KAREN,

viele Ehepaare machen einen Fehler. Sie meinen, wenn man sagt: „Ich will!", so heißt das: „Wir haben es schon getan!" Sie glauben, sie hätten schon den siebenten Himmel erstürmt, wenn sie die Altarstufen hinaufsteigen.
Manche Soziologen meinen, das käme vom Hollywood-Mondschein in unseren Filmen und Fernsehspielen. Andere schieben den Romanschreibern die Schuld zu. Oder liegt es vielleicht an den Schlagermachern?
Wie dem auch sei — es ist nicht so wichtig, die Quelle zu erforschen, wenn man nur diese Tatsache recht versteht: Ehen werden vielleicht ursprünglich „im Himmel geschlossen", aber alles in allem ähneln sie doch mehr einer jener Do-it-your-self-Ausrüstungen, die man in Einzelteilen bekommt, um sie dann zusammenzusetzen. Hier ist etwas zu leimen, dort müssen rauhe Stellen glattgeschliffen werden, bald müssen wir etwas hämmern, bald einen

Kratzer ausfeilen, ein wenig schnitzen, hier und da polieren, einen Schritt zurücktreten, um alles genau zu betrachten, abzustauben, zu lackieren, bis der Besitz endlich schön ist und dauerhafte Freude bereitet.
Im Lexikon kannst Du unter G die folgenden wichtigen Worte finden: „Glück resultiert aus dem Erreichen dessen, was man als gut empfindet ... Zufriedenheit ist eine ruhige Art des Glücks, in der man ohne Wünsche ist, auch wenn nicht alle Wünsche sich erfüllt haben."
Diese Worte gelten selbst für die besten ehelichen Verbindungen. Die Ehe läßt unvollkommene Menschen nicht plötzlich vollkommen werden. Jeder Mensch hat seine Schwächen. Es tut mir leid, Dich darüber aufklären zu müssen, aber diese Feststellung gilt auch für Vincent und für Dich.
Mit einer solchen Aufgabe fertigzuwerden, ist eine Frage des reifen Denkens. Jeder von uns war einmal in ein Traumbild verliebt, das unseren künftigen Partner vollkommen darstellte. Wenn sich einer der beiden später fortwährend an dieses Phantasiegebilde klammert, dann wird er sicher manche Enttäuschungen erleben.
Ich erinnere mich an eine junge Braut, die sehr aufgeregt von ihrer Hochzeitsreise zurückkam. Sie hatte einen viel älteren Mann geheiratet. Wir alle hatten gemeint, unter den besonderen Umständen dieses Falles könnten die beiden sehr gut zusammen passen. Sie aber kam ganz aufgebracht zu mir und sagte, sie könne einfach nicht die erste Nacht vergessen, als er seine Zähne herausnahm und in ein Wasserglas auf den Nachttisch legte. Er bestand darauf, daß es ein wenig hell blieb, während sie sich liebten; doch diese unheimlichen Zähne, die sie unentwegt angrinsten, nahmen ihr jede Fähigkeit zur Hingabe. Sie wußte,

daß er falsche Zähne hatte, aber sie hatte sich nie erkundigt, was er nachts damit anstellte.

Zum Glück sind die meisten Schläge, die unser Traumbild zertrümmern, nicht gar so grausam. Aber sie kommen bestimmt. Deswegen ist es wichtig, daß Du „kindische Dinge" abtust. Dazu gehört alles, was vom Phantasiehelden Deiner Mädchenzeit etwa noch vorhanden ist.

Hältst Du nämlich zu sehr daran fest, kannst Du einer Reihe schwerwiegender Irrtümer verfallen. Du könntest zum Beispiel viel Zeit und Kraft darauf verschwenden, Deinen Mann in das umformen zu wollen, was er nun einmal von Natur aus nicht ist. Du könntest Dich auch so sehr mit dem beschäftigen, was er nicht ist, daß Du vieles von dem übersiehst, was er wirklich ist.

Bei fast jedem Menschen, mit dem wir näher bekannt werden, entdecken wir, daß seine Schwächen erst seine Vorzüge erkennen lassen. Ein anziehender Mensch ist keine Mischung unzusammenhängender guter und schlechter Seiten. Erst die Art und Weise, wie er die Verschiedenheiten zu einem Ganzen zu verbinden weiß, läßt ihn anziehend werden.

Dasselbe gilt, wenn es darum geht, eine Ehe aufzubauen. In einer lebendigen Ehegemeinschaft versuchen zwei kluge Menschen, ihre Teile zu einer Einheit zu verbinden, die für sie beide gut ist. Den anderen daran arbeiten zu sehen und ihm zu helfen, es zu vollenden, ist eine der lebendigsten Gaben einer guten Ehe.

Laß Dich nicht verblenden! Du selbst bist nicht fehlerfrei, und es würde Dir auf die Dauer nicht gefallen, wenn Vincent die einzige Ausnahme von dieser Regel wäre. Jungen haben ihre Mängel, und junge Männer kommen unvollkommen zur Hochzeit.

Betrachte seine Fehler in aller Offenheit. Sieh in den Spiegel und beobachte Deine eigenen Schwächen. Dann überlege, wie die Sammlung Eurer Fehler zur Sammlung Eurer Vorzüge paßt, und wie sich die beste aller möglichen Mischungen erreichen läßt.
Als verheiratete Frau wirst Du durch Enttäuschungen und Kränkungen verletzbarer, als Du es zuvor gewesen bist. Aber Du bist ja überzeugt, daß dieses Risiko der Mühe wert ist.
Du hast richtig entschieden. Nur wenn Du das Risiko auf Dich nimmst, kannst Du die Glückseligkeit erlangen, welche zwei Menschen finden, die völlig eins werden.
In meiner Sammlung befindet sich ein Schüleraufsatz, der zu unseren Lieblingsdokumenten gehört. Er wurde von einem zehnjährigen Jungen namens Tommy geschrieben und lautet:

Was ist Liebe?

Liebe ist, wenn zwei Menschen glauben, sie wären ganz wunderbar, auch wenn das kein anderer findet. Liebe sorgt dafür, daß sie eng beieinander auf einer Bank sitzen, auch wenn genug Platz da ist. Wenn man in ihre Nähe kommt, sind die beiden ganz still. Und wenn sie glauben, daß man fort ist, sprechen sie von Rosen und Träumen und so. Das ist alles, was ich über die Liebe weiß. Ich muß erst noch wachsen.

Hoffen wir, daß er zu den Glücklichen gehört, die erfahren, daß die Liebe sich verfeinert, wenn man einen Menschen findet, mit dem man dieses Schlüsselwort teilen kann: Ich muß noch wachsen.

Das wäre gut für Tommy. Es wäre aber auch gut für Karen und Vincent und für jeden von uns, der vor der Aufgabe steht, Rosen und Träume in den eigenen vier Wänden wahr werden zu lassen.
Wir glauben, daß Ihr beide für Euer Alter sehr reif seid. Aber vergeßt nicht, daß Reife auch darin besteht, daß man weiß, auf welchen Gebieten man noch reifen muß.
Einmal hast Du mir gesagt: „Vincent und ich sind schrecklich verliebt!" Was in diesem Satz das Wort schrecklich bedeuten wird, hängt vielleicht von Tommys Weisheit ab: „Ich muß noch wachsen!"

Mit den besten Wünschen für eine reifende Liebe!
Dein Vater

*Gewährt einander Freiheit*

MEINE LIEBE KAREN,

„Der heilige Stand der Ehe" ist ein geistlicher Ausdruck, der einem sehr angenehm in den Ohren klingt. Er scheint in wenigen Worten jene sichere Geborgenheit auszudrükken, die fast jeder Mensch einmal zu finden hofft.
Du begreifst sicher, daß zum Gebäude dieses Ehestandes zwei Schlüssel gehören. Jeder von Euch hält einen davon in Händen, und es liegt an Euch, sie klug zu gebrauchen.
„Alles was mein ist, ist auch dein!" „Du kannst mich haben, wenn du mich willst, doch du mußt mein sein!" „Nimm mich so, wie ich bin!" Das alles klingt in sentimentalen Schlagern recht gut. Aber die Ehe richtet sich nicht nach den Regeln der Musikbox. Sie lebt durch die allmähliche Vereinigung zweier Menschen, die sich gegenseitig viel Raum zur persönlichen Entfaltung lassen.
Wie bei so vielen anderen Dingen des Zusammenlebens von Mann und Frau, gibt es auch hier eine feine Grenze.

Weil jede Ehe ein Zusammenfügen zweier einzigartiger Persönlichkeiten ist, kann niemand sagen, wo die Freiheitsgrenze in einer Ehe am besten verlaufen sollte. Ihr werdet sorgfältig prüfen und erproben müssen, um sie für Euch selbst zu ziehen.

Gerade jetzt arbeite ich mit einer jungen Frau, die kürzlich einen schweren Schock erlitt. Ihr Mann erklärte ihr, daß er künftig einen Abend wöchentlich allein ausgehen wolle, ohne ihr zu berichten, wo er diese Abende verbrachte. Er stellte ihr sehr ruhig seine Forderung und wollte ihr gern Zeit lassen, um darüber nachzudenken.
Für Sally war das besonders hart. Sie waren erst knapp sechs Monate verheiratet, und bisher war die Frau stets überzeugt gewesen: „Wenn man verheiratet ist, sagt man einander alles!"
Aber da sie auch eine vernünftige junge Frau ist, stimmte sie der Bedenkzeit zu, um nach einer Hilfe für die richtige Antwort zu suchen. Während wir uns unterhielten, versuchte sie, in seiner Vergangenheit eine Erklärung für sein Verhalten zu finden.
Hier haben wir einen vorzüglichen Ausgangspunkt, wenn Du eine Kränkung überwinden mußt. Du weißt, daß man Dir manchmal die seltsamsten Dinge aus Gründen antut, die ursprünglich gar nichts mit Dir zu tun haben. Vielleicht „verarbeitet" der andere eine Verdrängung aus seiner Kindheit, oder ein alter innerer Konflikt tritt wieder hervor, oder er schlägt sich wieder mit einem Problem herum, das ihn schon beschäftigte, ehe Ihr Euch kennenlerntet.
Eine aufrichtige, auf Verständnis beruhende Zuneigung kann dann oft für beide sehr klärend wirken. Wenn Du

verhinderst, daß Deine Augen sich mit Tränen füllen, kannst Du vielleicht klar sehen, wo er blind ist. Und wenn es Dir gelingt, das Licht Deiner Liebe auf den richtigen Punkt scheinen zu lassen, kannst Du ihm helfen, sich selbst zu durchschauen.

Wenn Du also einmal verletzt bist, dann sage Dir zuerst: „Vielleicht ist das wirklich sein Problem. Ehe es auch das meine wird, wollen wir versuchen, ob wir nicht gemeinsam daran reifen können."

Das klingt nach echter Größe, nicht wahr? Es verlangt mehr Reife, in Liebe zu „agieren" als in Feindseligkeit zu „reagieren".

Zum Glück konnte Sally ihre Gedanken von ihren eigenen Wunden abwenden und auf seine hinlenken. Sie wußte, daß Jeff das jüngste mehrerer Kinder war. Er hatte zu Hause niemals die Zurückgezogenheit genießen können, die für seine Frau selbstverständlich gewesen war. Die köstlichen kleinen Geheimnisse der Kindheit waren ihm niemals gegönnt gewesen. Seine Eltern trafen alle Entscheidungen für ihn, als er längst alt genug war, für sich selbst zu entscheiden. Als Jugendlicher wurde er nach jeder Verabredung einem ausführlichen Verhör unterzogen. Sie wußte, daß sein Vater gegen jedermann, auch gegen seine eigene Familie, mißtrauisch war.

Während Sally darüber mit mir sprach, erwog sie verschiedene Möglichkeiten. Sie spielte mit dem Gedanken an Vergeltung. Sie konnte doch selbst wöchentlich einen Abend verlangen, über den sie keine Rechenschaft abzulegen brauchte. Aber das hielt sie selbst nicht für die beste Lösung.

„Dann bliebe er vielleicht zunächst zu Hause", sagte sie, „aber damit wäre das Problem nicht gelöst. Er braucht das

Gefühl, daß jemand ihm völlig vertraut. Außerdem würde ich mich schrecklich langweilen, wenn ich allein ausgehen wollte."

Und dann sagte sie etwas, was ich mir aufgeschrieben habe, nachdem sie gegangen war. Vielleicht solltest Du Dir diesen Satz merken. „Am besten ist es wohl, wenn er das Gefühl hat, daß ich ganz ihm gehöre und daß er ganz sich selbst gehört."

Für eine Frau im ersten Ehejahr ist das eine bemerkenswerte Erkenntnis. Findest Du nicht auch?

Sie stimmte also seinem Wunsche zu. Er hatte einen Abend in der Woche ganz für sich und brauchte nichts davon zu erzählen.

Das ist jetzt drei Monate her. Und weißt Du, was geschehen ist? Jeff verbringt immer mehr seiner freien Abende zu Hause, oder er geht mit seiner Frau aus. Ihr Geheimrezept wirkte so gut, daß er ihr letzte Woche sogar erzählen wollte, was er an seinen freien Abenden getan hatte. Jedesmal war er entweder allein im Kino gewesen, oder er hatte mit anderen jungen Männern Billard gespielt. Das hat er jedenfalls gesagt, und ich glaube ihm.

Du siehst: Durch weibliche Klugheit hat Sally ihm die Freiheit gewährt, die er brauchte, und dadurch bindet sie ihn immer fester an sich, ohne daß er es weiß. Der nächste Fortschritt in ihrer Ehe wird erreicht sein, wenn er darauf gekommen sein wird, seine Frau ebenso weise zu behandeln.

Ich kenne Männer, die das nicht verstehen. Sie meinen, ein Mann sei erfolgreich, wenn es ihm gelingt, das Frauchen im Gefängnis der eigenen Wünsche einzusperren.

Manche Frauen ergeben sich dieser Behandlung und verzichten auf ihr Eigenleben. Aber das ist dann weder Leben, noch ist es wirkliche Ehe. Zusammensein ist nicht immer gesund. Es kann auch das sein, was meine psychiatrischen Freunde als „symbiotisch" bezeichnen. Das bedeutet in die Alltagssprache übertragen, daß zwei verschiedene Arten emotional Erkrankter sich so zusammengefügt haben, daß sie sich gegenseitig für einige Zeit oder auch lebenslänglich dulden.

Für Menschen wie Dich ist das nichts. Keine Frau nimmt die ihr zustehende Stellung ein, wenn sie unter der Vorherrschaft eines tyrannischen Ehemannes erdrückt wird. Es ist Dir hoffentlich klar, daß dieser Satz auch in seiner Umkehrung gilt.

Deshalb hoffe ich, daß Ihr beide Euch ein interessantes Paradox merkt: Zur „Gemeinsamkeit" gehört der Grad von „Alleinsein", den jeder von Euch braucht. Und wenn Du ihm genug Platz zum „Alleinsein" läßt, verstärkt sich dadurch Eure „Gemeinsamkeit".

In anderen Worten: Je mehr Ihr ohne Widerstreben voneinander frei sein könnt, wenn Euch nach Freiheit zumute ist, desto freier werdet Ihr miteinander sein, Euer ganzes Selbst zu teilen.

Einige der besten Psychologen, die ich kenne, behaupten, daß Ausgeglichenheit weitgehend davon abhängt, daß ein Mensch sein wirkliches Ich erkennt und es wenigstens einem anderen Menschen offenbart. Weise Ehepaare wissen das und beginnen in ihrem Eheleben frühzeitig diese Zweigleisigkeit zu errichten.

In unserem letzten Brief sprachen wir vom Wachsen. In einem anderen werden wir vom Wachstum nach außen sprechen, und wir werden uns auch über das gemeinsame Ausgehen unterhalten. Hier wollen wir nur festhalten, daß es für die ersten Teilstrecken jener gewundenen Straße, die Euch schließlich enger zusammenführt, gut sein kann, auch allein auszugehen.

An dieser Straße solltet Ihr einander erlauben, auch die Orte aufzusuchen, an denen Ihr besondere Interessen pflegen könnt, die nur einen von Euch fesseln. Du kannst Deine eigenen Freunde haben, und er kann seine eigenen Freunde haben. Manches, was Dir unwichtig erscheinen mag, hat für ihn vielleicht eine besondere Bedeutung. Dasselbe gilt umgekehrt. (Selbstverständlich kann das alles auch übertrieben werden, und manche Paare übertreiben es.) Aber reife Ehepaare werden ihre Zärtlichkeiten lange genug unterlassen, um jene notwendige Freiheit zu ermöglichen, in der sie zugleich mit ihrer Einheit auch ihre eigene Persönlichkeit entwickeln können.

Diese gegenseitige Unabhängigkeit ist ein erheblicher Teil Deines Erbes. Elternhaus, Kirche, Schule und Staat vermittelten Dir die wichtigsten Grundlagen für Deinen Lebensweg.

Deshalb solltest Du versuchen, aus Deinem Heim eine kleine Republik werden zu lassen, die zuerst von zwei Bürgern, später auch von anderen bewohnt wird, von denen jeder seine eigenen geheiligten Rechte und Privilegien hat.

Dringt nicht allzusehr in die Privatsphäre des anderen ein. Haltet Euch gegenseitig nicht so fest, daß Ihr Euch erdrückt!

Das ist schwierig für eine Frau, die ihren Mann so sehr liebt, daß sie alles mit ihm teilen möchte. Du liebst Vincent so sehr, daß Du „ganz sein" sein willst, und Du sehnst Dich danach, daß er „ganz Dein" wird. Wir wissen, daß er nicht anders fühlt.

Aber ich wiederhole es: Die vollkommene Einheit werdet Ihr nur erreichen, wenn Ihr einander genug Freiheit gewährt, damit jeder das ursprünglich Schöpferische verwirklichen kann, das in jedem Menschen liegt.

Das ist heiliger Ehestand: Zwei Menschen, die zugleich jeder für sich und gemeinsam wachsen, bis sie das werden, was sie gemeinsam sein wollen.

Seid frei!
Dein Vater

*Die kleinen Wichtigkeiten*

MEINE LIEBE KAREN,

ein paar Erinnerungen aus der eigenen Familie können Dich vielleicht amüsieren.

Als ich über die Unvollkommenheiten nachdachte, die nach der Hochzeit bei unseren doch so vollkommenen Auserwählten auftauchen, fiel mir dieses ein:

In der ersten Zeit nach unserer Hochzeit konnte Deine Mutter sich nicht mit meiner Gewohnheit abfinden, alle Schranktüren offen zu lassen. Ich aber hielt das für selbstverständlich.

Ein Mann braucht ein Hemd? Dann sucht er es eben im Schrank und läßt den Schrank dann offen. Er braucht Socken? Er holt sie aus der Schublade und schließt diese Schublade dann nicht.

Ich sage die reine Wahrheit: Ich war überzeugt, daß das Schließen von Schränken und Schubladen zu den Aufgaben gehöre, für die Gott die Frauen erschaffen hat. Meine

Mutter hatte zweiundzwanzig Jahre lang Schränke und Schubfächer hinter mir geschlossen.
Aber in weniger als zweiundzwanzig Stunden begriff ich, daß meine junge Frau sich mit einer solchen Gedankenlosigkeit nicht abfinden wollte.
Ich schäme mich fast, Dir zu erzählen, was mich an ihr aufgeregt hat. Zu meinem Entsetzen mußte ich entdecken, daß dieses wunderbare Geschöpf, an das ich nun für alle Zeiten gebunden war, die Gewohnheit hatte, auf die Mitte der Zahnpastatube zu drücken, anstatt sie sorgsam vom Ende her aufzurollen! (Du siehst, es gibt Dinge, die man über den „Zukünftigen" eben doch nicht vor der Hochzeit herausfindet!)
Warum tat sie nur so etwas Schreckliches? Weil sie die Tube von jeher so ausgedrückt hatte. Ihrer Familie waren Zahnpastatuben völlig gleichgültig.
Um Schubfächer hingegen kümmerte man sich bei ihr zu Hause. Geschlossene Schranktüren und Fächer bedeuteten dort ein Symbol der Ordnung, und außerdem bedeuteten sie noch, daß jedes Mitglied der Familie Rücksicht auf jeden anderen nahm.
Selbstverständlich klingt das alles heute furchtbar albern. Aber darin liegt wieder eine der Nettigkeiten des Lebens. Manches erscheint in der Ferne spaßig, obwohl es das ursprünglich durchaus nicht war.
Ich hoffe, Du wirst tausendmal lachen, wenn Du in Dir die verborgenen Kammern mit den Clownereien entdeckst!

                        Viel Spaß dabei!
                                Dein Vater

*Das Gute betonen*


Meine liebe Karen,

auf der Liste der glücklichen Ehen, die Deine Mutter und ich kennengelernt haben, steht die von Bob und Helen weit obenan.
Oberflächlich betrachtet, scheinen sie wenig Gemeinsames zu haben. Er ist lebhaft, sie zurückhaltend. Er ist Mittelpunkt jeder Gesellschaft, sie steht für gewöhnlich im Schatten. Aber sie sind ganz offensichtlich verliebt.
Wir bemerkten es zuerst bei einem Bankett, während ein Gast seine Ansprache hielt. Eine Zeitlang hielten sie sich an den Händen. Hin und wieder tauschten sie ein scheues Lächeln, als ginge zwischen ihnen eine stumme Botschaft hin und her.
Dann waren wir eines Abends bei ihnen zum Essen eingeladen. Es hätte Dir dort gefallen. Einige Male ging er in die Küche, und ich hörte ihn fragen, ob es etwas für ihn zu tun gäbe. Einmal antwortete sie: „Nein, danke! Mach

es Dir nur bequem!" Beim nächstenmal ließ sie ihn Wasser eingießen.
Als wir zu Tisch gingen, rückte er ihr den Stuhl zurecht, und vor allen Dingen: er bediente sie zuerst! Ich weiß nicht, was die Bücher über gutes Benehmen dazu sagen, aber ich vermute, sie könnten ihn durchaus nicht beschämen. Und seine Frau widersprach nicht. Sie saß dort so strahlend, als müsse alles genauso und nicht anders sein und als wäre das Leben einfach wundervoll!
Es war wundervoll.
Während der Unterhaltung fragte er sie mehrmals nach ihrer Meinung, und er hörte ihr dann sogar zu, als sie sagte, was sie dazu meinte. Nach dem Essen stand er auf und half ihr, den Tisch abzuräumen.
Als wir beide dann allein im Wohnzimmer saßen, wollte ich etwas mehr über dieses Verhältnis herausfinden. „Bob", sagte ich, „ihr beide scheint vollkommen aufeinander abgestimmt zu sein. Ich habe euch beobachtet, und ich finde das einfach großartig. Ich lerne so viele unglückliche Ehen kennen. Habt ihr irgendein Geheimnis, mit dem ich anderen helfen könnte?"
Er lachte eher zögernd als verlegen, und dann erzählte er eine Geschichte, die ich als klassisch bezeichne.
„Die erste Zeit unserer Ehe war furchtbar", begann er. „Wir dachten sogar daran, uns wieder zu trennen. Dann lasen wir etwas, das uns auf andere Gedanken brachte. Wir beschlossen, eine Liste all dessen aufzustellen, was **wir** aneinander nicht mochten. Das war selbstverständlich sehr hart, aber ich gab Helen meine Liste, und sie gab mir ihre. Es war eine schmerzliche Lektüre. Manches von dem, was dort geschrieben stand, hatten wir noch nie ausgesprochen oder uns sonst zu verstehen gegeben.

Dann taten wir etwas ziemlich Närrisches. Hoffentlich lachst du nicht darüber. Wir gingen zur Abfalltonne in den Garten und verbrannten die beiden Listen. Wir sahen zu, wie sie sich in nichts auflösten, und umarmten uns zum erstenmal seit langem.
Dann gingen wir ins Haus zurück und stellten Listen der Vorzüge auf, die wir aneinander entdecken konnten. Das dauerte erheblich länger, denn wir hatten uns in unserer Ehe ziemlich auseinandergelebt. Aber wir blieben dabei, und als wir fertig waren, taten wir wieder etwas, das seltsam erscheinen mag. Komm mit ins Schlafzimmer, dann will ich es dir zeigen."
Es war ein freundliches, helles Zimmer, und eine bunte Decke war über Großmutters altes Doppelbett gebreitet. Aber mitten an der Wand des Schlafzimmers hingen zwei schlichte Holzrahmen. In dem einen war die Liste der Vorzüge, die Helen an Bob entdeckt hatte, im anderen war seine gekritzelte Liste ihrer Tugenden. Das war alles. Nur zwei Listen unter Glas.
„Wenn wir überhaupt ein Geheimnis haben", sagte Bob, „dann hast du es hier vor dir. Wir haben abgemacht, daß wir sie wenigstens einmal täglich lesen wollen, aber inzwischen kennen wir sie auswendig. Ich kann dir nicht sagen, was diese Listen für mich bewirkt haben. Manchmal sage ich sie mir in Gedanken auf, wenn ich allein im Wagen sitze oder auf einen Kunden warte. Wenn ich andere Männer über ihre Frauen klagen höre, denke ich an meine Liste und danke meinem glücklichen Stern. Und noch eines ist seltsam: Je mehr ich über das nachdenke, was sie Gutes an mir findet, desto mehr bemühe ich mich, wirklich so zu sein. Und als mir ihre Vorzüge so recht klargeworden sind, versuchte ich, mich in allen Schwierigkeiten an ihnen

zu stärken. Jetzt glaube ich, daß sie der wunderbarste Mensch der Welt ist. Ich vermute, sie mag mich auch ganz gern. Mehr ist es nicht. Das ist unser ganzes Geheimnis."
„Mehr ist es nicht!" sagte dieser Mann!
Aber es trifft genau den Kernpunkt einer glücklichen Ehe. Diese Art der Liebe vertreibt allmählich das Schlechte und fördert das Gute.
Seither habe ich diese Methode manchem Ehepaar empfohlen. Ich habe gesehen, daß sie wahre Wunder wirken kann. Manchmal hatten diese Eheleute einfach vergessen, wieviel sie voneinander gehalten hatten, ehe sie die Ringe wechselten. Für gewöhnlich vollzieht sich dieser Wandel heimlich und unbemerkt. Plötzlich sind die guten Gedanken verschwunden, oder sie sind in eine andere Richtung geraten: „Sie ist schon recht, aber ..." Oder: „Er wäre viel netter, wenn er nur ..."
Selbstverständlich muß man auch das Negative sehen, aber darauf kommen wir später noch. Ihr werdet einander anziehender erscheinen, Ihr werdet lernen, das Gute im anderen zu erkennen, und der andere wird bereitwillig das Gute in seinem Partner sehen, wenn Ihr Eure Ehe in diese Richtung steuert.
Hier ist noch ein Wort aus dem 13. Kapitel des 1. Korintherbriefes, das Ihr Euch fest einprägen solltet: *„Die Liebe freuet sich nicht der Ungerechtigkeit, sie freuet sich aber der Wahrheit."*

Seht das Gute!<br>Dein Vater

*Zeige ihm, daß Du ihn bewunderst*

Meine liebe Karen,

habe ich Dir schon einmal von dem Aufsatz eines kleinen Mädchens zum Thema „Was die Ehe schön macht" erzählt? Das Mädchen schrieb: „Es ist, glaube ich, wenn man einander richtig oder genug liebt oder so. Ich glaube, wenn eine Ehe schön sein soll, muß man einander meistens wie auf einer Gesellschaft behandeln und höflich sein und alles so was."
Während Paare einander noch umwerben, überlegen sie meistens sehr sorgfältig, wie sie einander gefallen können. Die Fragen „Wie kann ich ihn glücklich machen?" oder „Wird ihr dieses oder jenes gefallen?" sind in dieser Zeit sehr geläufig.
Ein kluges Paar setzt diesen Ausdruck der Liebe auch nach der Hochzeit fort und steigert ihn im Laufe der Jahre. Dabei geht es nicht allein um Worte. Man kann auch durch sein Benehmen die Stärke der Gefühle ausdrücken. Eine

stumme Zärtlichkeit zur rechten Zeit sagt mehr über Deine Gefühle als alle lauten Worte.

Aber sehr viele Eheleute gelangen niemals dazu. Manche Ehe läßt sich mit den traurigen Worten beschreiben: „Sie umwerben sich nicht mehr." Manchmal vollzieht sich dieser Wechsel plötzlich, aber meistens geschieht er wohl doch ganz allmählich, je mehr einer den anderen als etwas Selbstverständliches betrachtet.

Ich will Dir von einem Experiment erzählen, das ich kürzlich durchführte. (Ich tue es ungern, denn es zeigt uns Männer als die groben Klötze, die wir wirklich sind, aber sei's drum!) Eines Sonntags verließ ich die Kanzel frühzeitig und überließ den Schluß des Gottesdienstes unserem Gastpfarrer. Ich schlich mich zur Empore des Küsters hinauf. Aus dem Fenster kann man den Parkplatz überblicken, und ich wollte die Gemeinde beim Aufbruch beobachten. Ich wollte nämlich einmal heimlich die Ehemänner zählen, die ihren Frauen noch die Wagentür öffnen.

Man kann als sicher voraussetzen, daß zehn von zehn es vor der Hochzeit getan haben; aber wir werden sehen, wie schnell solcher Glanz vergeht.

Hier ist die traurige Statistik: Nur drei von jeweils zehn Ehemännern gingen um den Wagen herum und halfen ihren Frauen beim Einsteigen. Jeweils sieben andere schienen zu glauben, ihre Frauen hätten durch die Heirat mit einem so starken Edelmann genügend Kraft gewonnen, um sich die Wagentür selbst zu öffnen.

Es handelt sich, wie Du weißt, durchweg um nette Leute, doch sie sind alle einem gemeinsamen Irrtum verfallen: Sie umwerben sich nicht mehr!

Hier erhebt sich eine wichtige Frage. Wird es in Deiner Ehe eine Steigerung oder eine Abnahme der kleinen Ritterlichkeiten geben, die den ganzen Unterschied zwischen einer fortdauernden Umwerbung oder eben einer Durchschnittsehe ausmachen? Deine Antwort kann von der höchst wichtigen Ansicht des kleinen Mädchens abhängen: Höflich sein und alles so was.

Diese Betonung des „Tuns" soll keineswegs den Wert des rechten Wortes zur rechten Zeit mindern. Gute Worte sind eines der am wenigsten kostspieligen Bestandteile einer guten Ehe. Aber auch das gute Wort verstummt schnell, wenn man es nicht täglich pflegt.

Wenn Du an jede Tür in irgendeinem Wohnblock klopfen und fragen wolltest, wann der Mann seiner Frau zum letztenmal ein Kompliment gemacht hat — oder auch umgekehrt —, wärst Du vielleicht überrascht. Tatsächlich scheinen viele Eheleute einen Filter auf den Lippen zu tragen, der kein freundliches Wort durchläßt. Und dabei verfügen wir hier über ein Wundermittel, das nichts kostet und das Leben erleichtert und das Herz froh stimmt.

Bei einer Männerversammlung dachte ich kürzlich an Deine Bitte und bat die Anwesenden, in ein paar Worten niederzuschreiben, was ihnen die Komplimente ihrer Frauen bedeuten. Hier sind einige Auszüge, die ich aus mehr als vierzig Erklärungen ausgewählt habe.

„Komplimente? Keine Spur! Es ist so, wie ein Schriftsteller es ausdrückt, den ich gerade lese. ‚Ich bringe den Schinken heim, sie liefert die Soße.' Das ist alles."

„Ich glaube, es gehört zu den wichtigsten Dingen in einer Ehe, daß man einander Komplimente macht. Jedesmal, wenn sie mich lobt, habe ich das Gefühl, sie gösse eine größere Form, und ich müßte wachsen, um in sie hineinzupassen."

„Meine Frau ist meine begeistertste Anhängerin und mein bester Werbefachmann."
Nett gesagt, nicht wahr? Hoffentlich ist es auch bei Dir immer so. Um das Bild zu vervollständigen, will ich auch einige Stimmen wiedergeben, die aus verschlossenen Herzen zu kommen scheinen. (Ich habe alle gebeten, ihre Namen nicht anzugeben.)
„Ich besitze ein Geschäft, und meine Frau erinnert mich an die Kundinnen, die aufgeregt durch den Mittelgang gestampft kommen und nach dem Geschäftsführer verlangen."
„Meine Frau sagt mir niemals ein Kompliment. Manchmal möchte ich ihr am liebsten sagen: ‚Nun laß endlich die Nörgelei und stimme gleich die Kriegsfanfaren an!'"
„In unserem Klub ist ein Mann, der von seiner Frau immer gelobt wird. Ich wünschte, meine Frau wäre auch so. Aber sie kennt keine Komplimente. Sie ist dauernd nur auf der Lauer, um meine Fehler zu erspähen."
Sie alle scheinen aus dauernder Trübsal zu sprechen. Möge es Vincent niemals so ergehen. Denk daran, meine liebe Tochter, daß Du Dir die Liebe Deines Mannes immer erhalten kannst, wenn Du Dir stets tausend neue Möglichkeiten einfallen läßt, ihm zu zeigen, wie Du ihn bewunderst.
Aber Du solltest auch lernen, wie man es richtig macht. Einige wichtige Punkte solltest Du Dir dazu merken.
Wenn Du es behutsam anstellst, kann er durch eine Anerkennung auch seine Fehler erkennen. Jedes Ehepaar sollte dem Ziel der Vervollkommnung auf beiden Seiten zustreben, sonst ist ihre Gemeinschaft in ihrem Lebenszentrum getroffen. Darauf werden wir noch kommen, wenn wir über die Kunst sprechen werden, in der Ehe

Meinungsverschiedenheiten zu begraben und die Wahrheit zu sagen. Jetzt genügt es, wenn wir bedenken, daß der äußere Anstrich in der Hitze schmilzt. Nur wo es wirklich der Fall ist, kannst Du ihm sagen, daß er nicht großartig ist, falls Du ihm auch gesagt hast, in welcher Hinsicht er wirklich wunderbar ist.

Du solltest auch klug genug sein, stets darauf zu achten, daß Du sein Selbstbewußtsein genügend stärkst. Die meisten Ehemänner neigen zu gelegentlichem übertriebenen Eigenlob. Lobt Dein Mann sich zu häufig, so fehlt es ihm vielleicht an Deinem Lob. Beobachte ihn auch, wenn Du ihn im Kreise anderer siehst. Wenn Dein Mann die anderen zur Seite drängen will, um sich selbst ins rechte Licht zu setzen, so kann es Deine Schuld sein, und dann darfst Du nicht mehr tatenlos zusehen, sondern Du mußt handeln.

Ein anderes Anzeichen ist die Überempfindlichkeit. Wenn er zu stark sein eigenes Prestige verteidigt, wenn sein Glück einzig und allein von einem wohlgefälligen Kopfnicken außerhalb Eurer vier Wände abzuhängen scheint, dann bist Du nicht mehr im Begriff zu versagen, sondern dann hast Du bereits versagt.

Und hier gleich noch ein Hinweis für eine kluge Frau. Jeder Mann hat einige Gebiete, auf denen ihn der Beifall seiner Frau besonders freut. Das kann zu einem geheimen kleinen Spiel werden, daß Ihr miteinander spielt. Wenn Du die Regeln geschickt beherrschst, kann er darüber hinauswachsen, bis er das Spielchen nicht mehr braucht. Zunächst aber ist es sehr wichtig, denn jeder Mann ist auf einigen Gebieten nicht so tüchtig, wie er es gern sein möchte. In unserer ersten Ehezeit beherrschte Deine Mutter dieses Spiel meisterhaft. Wie Du weißt, habe ich Fußball, Basketball, Baseball und überhaupt nahezu jedes Spiel gespielt, in dem ein Ball vorkommt. Weil ich groß war, kam ich in diesen Sportarten zu recht ansehnlichen Leistungen. Tatsächlich aber war ich ausgesprochen faul. Wenn ich jetzt auf alle meine Spiele zurückblicke, muß ich zugeben, daß ich nie so gut war, wie ich gern gewesen wäre. Aber auf wenigstens einem Gebiet hatte ich einen Riesenerfolg (wenigstens ein einziges Mal). Das war im Ringen. Du weißt ja, daß ich in meinem Heimatstaat noch immer einen Titel innehabe. Aber wie nun, wenn man dann bei der Meisterschaft ausgerechnet derjenige wird, der von allen Teilnehmern am schnellsten besiegt wird? Ich liebte den Ringkampf und war mit ganzem Herzen dabei. Aber dann begegnete ich einem überlegenen Gegner, und Goliath knallte dumpf auf die Matte.

Das alles hättest Du ganz bestimmt niemals von Deiner Mutter erfahren. Sie wahrte mein Geheimnis, bis ich darüber hinausgewachsen war, um selbst davon zu sprechen. Sie verbreitete vielmehr geschickt meinen Ruhm, und schließlich kam ihr Mann über diese innere Hürde hinweg, wie auch Dein Mann sie überwinden wird. Auch Dein Mann wird seinen Stolz und seine Scham haben, und es wäre gut, wenn Du sie entdecken und für die Öffentlichkeit ein wenig schauspielern würdest. Das braucht sicher seine Zeit, aber da die Jahre ohnehin irgendwie vergehen, könnt Ihr an diesem Spielchen beide Eure Freude haben. Kluge Frauen machen es so.

Aber nachdem wir uns von diesen kleinen Kniffen befreit haben, wollen wir uns mit den Dingen beschäftigen, die am meisten zählen. Worte der Liebe können spielerisch sein; Worte des Lobes verlangen nach völliger Aufrichtigkeit.

Manche Frauen verstäuben ihre Lobsprüche förmlich um sich. Wenn den Männern das auch zu schmeicheln scheint, verlangen sie im Grunde mehr als bloße Schmeichelei von der Frau, die sie lieben. Deshalb gib acht, daß Deine Worte aufrichtig gemeint sind. Von Dir verlangt Dein Mann etwas Echtes!

Gleich kommt der Postbote. Aber ehe ich den Umschlag zuklebe, wollen wir noch einmal an die Worte denken: „Ich finde Dich großartig!"

Wenn jemals ein Satz tonnenschwer war, dann dieser! Ich hoffe, Vincent wird in Deinen Lobgesang einstimmen. Möge er ihn oft und auf immer neue Weise singen. Aber selbst wenn er es nicht tut, dann sei nicht gekränkt, sondern fange selbst damit an. Wenn er so normal ist, wie ich glaube, wird er darauf richtig reagieren.

Wenn Du eine strahlende Frau siehst, kannst Du gewiß sein, daß sie weiß, sie wird geliebt. Das gilt auch für Männer, die unverfälschtes Vertrauen ausstrahlen.

Ihr könnt das Beste aus Euch hervorbringen, wenn Ihr nach dem Besten sucht und es in Worte faßt.

Mit guten Wünschen für rechtes Lob,
Dein Vater

P.S.: Gerade fällt mir noch eine alte Geschichte ein. Ein mürrischer Mann lebte einundzwanzig Jahre mit seiner Frau, ohne ein einziges Wort zu sprechen. Dann brach er eines Morgens beim Frühstück sein Schweigen. „Liebling", sagte er, „wenn ich bedenke, was Du mir bedeutest, bringe ich es kaum über mich, es Dir zu sagen!" (Hoffen wir, daß es sich nur um eine dumme kleine Geschichte handelt.)

*Launen, Launen, Launen!*

Meine liebe Karen,

gestern fragtest Du mich: „Kann ich nichts gegen diese schrecklichen Launen tun? Vincent ist ganz verdrießlich!" Ich sah Dir an, daß es Dir weh tat.
Beginnen wir also mit einer Tatsache, mit der Du Dich abfinden mußt. Launen sind ein natürlicher Bestandteil jedes Menschen. Nach meiner Erfahrung gibt es unter den Männern keine Ausnahme, und unter Frauen und Kindern auch nicht. Unterschiede gibt es dabei nur nach Stärke, Dauer, Gelegenheit und Motiv. „Himmelhoch jauchzend, zu Tode betrübt", das gilt für jede Menschenseele.
Ist ein Paternosteraufzug, der stets gleichzeitig auf- und abwärts fährt, nicht ein gutes Sinnbild des Lebens, wenn man es recht bedenkt? Die Musik kennt dunkle Fugen und frohe Rondos. Die Natur hat ihren Kreislauf. Es scheint, daß alle Dinge einer wellenförmigen Bewegung unterliegen. Männer sind davon nicht ausgenommen.

Sei dankbar für den Segen der Kontraste, der uns dadurch zuteil wird. Wenn unsere geliebten Menschen einmal schlecht gelaunt sind, dann strahlt ihre gute Laune um so heller, wenn hernach die Sonne wieder scheint. Vielleicht können wir die besten Seiten unserer Gefährten nur recht würdigen, wenn wir auch ihre Schattenseiten kennen.
Sind Launen nicht manchmal krankhaft, könntest du jetzt fragen. Gewiß sind sie das, und ein Maß dafür ist die Zeitspanne, über die hinweg sie anhalten. Jede schlechte Laune, die sich bald wieder in Sonnenschein verwandelt, ist ein Zeichen für gesundes Innenklima. Es ist auch nützlich, nach der Häufigkeit zu fragen. Folgen die trüben Momente immer schneller aufeinander? Das wäre ein ebenso schlechtes Zeichen wie eine zu große Regelmäßigkeit in dieser Wellenbewegung. Wenn die Stimmung immer abwechselnd einen Tag gut und einen Tag trübe ist, dann sollte man schnell zu einem der klugen Menschen laufen, die Tag für Tag mit kranken Seelen zu tun haben.
Und jetzt folgt ein wirklich wichtiger Punkt. Versuche unter allen Umständen, nicht selbst trübsinnig zu sein, wenn er verstimmt ist! Das ist viel leichter gesagt als getan, und man braucht schon einige Zeit, um es zu erlernen. Es ist allzu leicht für Dich, melancholisch zu werden, gerade weil er es auch ist.
Da Du ihn so sehr liebst, daß Du alles mit ihm teilen möchtest, könnte es auf den ersten Blick so aussehen, als wäre es die beste Lösung, mit ihm gemeinsam Trübsal zu blasen. Aber Gemeinsamkeit heißt nicht, daß man auch gemeinsam auf die tiefsten Stufen steigen muß.
Wenn Du im Herzen Deine fröhliche Zuneigung bewahren kannst, während er niedergeschlagen ist, wirst Du schneller als mit jeder anderen Methode zu seiner Besserung bei-

tragen. Vielleicht wird er dadurch zuerst böse, denn die meisten von uns haben einen kleinen unbewußten Dämon in sich noch nicht bezwungen, der es nicht ertragen kann, wenn andere sich nicht so schlecht fühlen wie er.

Aber dieser anfängliche Ärger vergeht schnell, wenn Du ruhig bleibst. Ist er vorüber, so wird Dein Mann froh sein, daß wenigstens einer mit den Füßen fest auf dem Boden geblieben ist. Mit der Zeit läßt sich das zu einer Art Gegenseitigkeitsabkommen entwickeln. Dann wirkt er beruhigend, wenn Du einmal niedergeschlagen bist.

Auch die Annahme, seine trübe Laune verschuldet zu haben, könnte Dich dazu verführen, sie mit ihm zu teilen. Wenn Du schuldig bist und es weißt, dann wirst Du es ihm sagen. Aber es ist sinnlos, selbstkritisch in sich herumzuwühlen, wenn es sich um seine schlechte Laune und nicht um die eigene Schuld handelt. Du wirst ein Stück wachsen, wenn Du ganz ehrlich sagen kannst: „Ich muß daran denken, daß es seine Probleme sind. Ich werde mich nicht selbst bestrafen. Meine Aufgabe ist es, ruhig und bereit zu bleiben. Ich will mich darauf vorbereiten, ihm alle meine Liebe zu schenken, sobald er mir die Gelegenheit dazu gibt."

Ich kenne einige kluge Frauen, die noch etwas anderes tun. Sie bereiten sich schon im voraus auf die Launen ihrer Ehemänner vor.

Vielleicht kannst Du die schwachen Stunden Deines Mannes rechtzeitig erkennen und die Stürme besänftigen, ehe sie ausbrechen. Eine der glücklichsten Ehefrauen in unserem Bekanntenkreis sagt, daß sie ihren Mann bittet, ihr ein Steak zu braten, sobald sie merkt, daß er sich Sorgen zu machen beginnt. Sie behauptet, ein gutes Essen und ihr Lob für seine Kochkunst bewirkten Wunder an ihm.

Vielleicht solltet Ihr tanzen gehen. Vielleicht ist eine lange Mondscheinfahrt das richtige Gegenmittel. Wenn er aber lieber zu Hause bleibt und dort vor sich hinbrütet, dann zieh Dein bestes Kleid an, rolle den feinen dunkelblauen Teppich auf und laß ihn seine Schwierigkeiten unter dem eigenen Dach überwinden. Manche Männer in meinem Bekanntenkreis würden ihre letzte Mark dafür geben, ein solches Schutzdach in ihrem Heim zu haben.

Wenn Ihr erst hinreichende Erfahrung in der gemeinsamen Handhabung solcher Fälle gesammelt habt, könnt Ihr vielleicht sogar lernen, einander Warnzeichen zu geben. Catherine Anthony sagt, daß sie und Jim sich auf folgendes geeinigt haben: Wenn er im Büro einen schweren Tag hatte, wenn er nicht in seiner üblichen frohen Stimmung ist, wenn es am Aktienmarkt schlecht steht, oder wenn er einen sicher geglaubten Vertrag verloren hat, dann trägt er eine rote Feder am Hut, wenn er heimkommt. „Vorsicht! Heute ist nicht der richtige Tag, mir mit einer unerwarteten Rechnung oder mit einem schadhaften Wasserhahn zu kommen."

Noch eines kannst Du tun, und das ist wirklich *das* große Heilmittel. Deine Mutter und ich finden darin immer die wirksamste Hilfe. Du kannst sprechen!

Eben hat das Telefon geläutet. Ein Ehepaar fragt, ob ich gleich kommen kann. Es gibt so viele Eheleute, die einander auf wichtigen Gebieten fremd gegenüberstehen.

So wollen wir also über das Sprechen im nächsten Brief sprechen.

Ich wünsche Dir, daß sich der Himmel<br>
in Eurer Ehe immer bald klärt.

Dein Vater

## Die Brücke der Verständigung

MEINE LIEBE KAREN,

„Könnt Ihr gut über etwas gemeinsam sprechen? Könnt Ihr Euch über Eure Gefühle alles mitteilen? Gibt es Themen, um die Ihr behutsam herumreden müßt? Wie gut könnt Ihr einander Eure innersten Empfindungen offenbaren?"
Solche Fragen stellen Eheberater mit Vorliebe. Die meisten Paare, die ich traue, versichern, daß gerade dies ihre stärksten Seiten seien.
Gegen ihre Behauptung sollte man die häufige Klage von mehrjährig verheirateten Ehepaaren stellen, denen wir in unserer Arbeit begegnen.
„Wissen Sie, wie man sich fühlt, wenn das Telefon läutet und sich dann niemand meldet? So fühle ich mich!"
„Aber erzählen Sie meinem Mann nicht, was ich Ihnen gesagt habe!" ... „Aber meine Frau braucht das nicht zu wissen!" ... „Wie meinen Sie das? Alles besprechen?

Meine Frau ist eine Sphinx!" ... „Er antwortet nie, er grunzt nur!" ... „Bei uns ist es, als wäre man mit einem Fremden verheiratet."
Das sind wörtliche Zitate von Klagen, die ich hörte, und mehr oder weniger abgewandelt höre ich sie oft.
Was ist wohl den Liebenden widerfahren, die doch anfangs so sicher glaubten, sich alles mitteilen zu können? Darauf gibt es mehrere Antworten, mit denen wir uns in diesem und in einigen anderen Briefen beschäftigen wollen. Dabei müssen wir auf ein sehr wichtiges Bauwerk achten, das wir die Brücke der Verständigung nennen wollen.
Da es für eine gute Ehe lebenswichtig ist, daß man mit ehrlichem Herzen über alles miteinander spricht, wollen wir mit drei Geboten und drei Verboten beginnen, die zum Bau dieser Brücke dienen.

*1. Begrüße ihn glücklich, wenn er heimkommt.*
Ein Ehemann sagte mir sehr bildhaft: „Wenn ich die Tür öffne, wirft sie mir gleich den Abfall ins Gesicht." Dann erläuterte er, sie habe die schlechte Gewohnheit, die unangenehmsten Nachrichten des Tages stets für den Augenblick der Begrüßung bereitzuhalten. Er ahmte sie sehr geschickt nach: „Der Junge hat beim Nachbarn das Vogelbadehaus zerbrochen ... Der rechte Reifen am Lieferwagen ist wieder platt ... Kannst du nicht bitte mal den Wasserhahn in der Küche reparieren? Ich habe dir schon vor fünf Tagen gesagt, daß er tropft ... Ich glaube, die Watsons lassen sich scheiden ...", und so weiter in peinlichster Kleinlichkeit.
Diese Unannehmlichkeiten sind gewiß nicht das richtige für den Augenblick seiner Heimkehr. Gelegentlich muß

es wohl Ausnahmen geben, aber ein vernünftiger Mensch wird eben manches zurückstellen, um es später in Ruhe erörtern zu können.
Jetzt muß ich ein interessantes Phänomen bei manchen Männern erwähnen. Derselbe Mann, der gegen eine solche Begrüßung protestiert, lädt vielleicht gern seinen eigenen Müll ab, sobald er zur Tür hereintritt. Vielleicht haben diese Männer irgendwo den Gedanken aufgelesen, Frauen seien dazu da, um das Schlechte, Männer, um das Gute zu hören.
Sollte Vincent zu ihnen zählen, würde ich ihn in den ersten Monaten Eures Zusammenseins daran nicht hindern. Das ist zwar eigentlich unfair, aber sei ein kluges Mädchen und tu so als ob ... Das hast Du ja schon immer gut verstanden.
Wenn es möglich ist, begrüße ihn an der Haustür und nimm ihn in die Arme. An Deinem Herzen soll seine Klagemauer sein.
Eine solche Freundlichkeit Deinerseits zu Beginn Eurer Ehe kann den Weg dazu ebnen, daß er seine unzeitigen „Ist das nicht schrecklich?"-Ansprachen aufschiebt.
Nach meiner Erfahrung ist es gut, wenn Du hin und wieder sorgfältig auf Deine Begrüßungsworte achtest.

*2. Laßt Euch Zeit für gemeinsame Besuche.*
In einer Illustrierten sah ich kürzlich eine seltsame Karikatur: Eine gut aussehende Mutter erzählt ihren beiden Kindern eine Gute-Nacht-Geschichte, und darunter stand der traurige Text: „Kinder, Euer Vater ist ungefähr einsachtzig groß, hat dunkles Haar und ein hübsches kleines Bärtchen, er ist sehr gut gebaut und außerdem ganz versessen auf Golf."

Jeder Ehemann soll sein Hobby haben, und das gleiche gilt auch für die Ehefrau. In einem unserer ersten Briefe sprachen wir von der Zeit der gegenseitigen Trennung, die wie ein Magnet wirken kann, der jeden enger aneinander zieht. Aber in unserem Land leben viele unvernünftige Ehepaare, deren Liebe sich so lange gewandelt hat, bis sie jetzt „ganz versessen" auf irgend etwas anderes als ihre gemeinsamen Stunden sind.
Was läßt sich dagegen tun? Kleine Mittel können manchmal großartig wirken. Du kannst Dein Leben bereichern, wenn Du das erlangst, was wir die Kunst der Unterhaltung nennen.
Du erinnerst Dich bestimmt noch, wie schön es war, als wir uns zu Hause einigten, immer genug Zeit einzusparen, damit wir beim Abendessen noch ein wenig trödeln konnten. Dabei wollten wir einander von den interessantesten Tagesereignissen berichten. Jeder sollte erzählen, was ihm wichtig erschien, und gemeinsam wollten wir entscheiden, was davon für uns alle von Bedeutung war.
Ein mir bekanntes Paar, das eine sehr glückliche Ehe führt, hat ein kleines Abkommen geschlossen. Sie behaupten, es habe sich längst als die wichtigste Abmachung erwiesen, die sie je vereinbart haben. Sie kamen überein, sich täglich ein paar Minuten vor dem Schlafengehen die Frage zu stellen: „Welches war heute dein glücklichster Augenblick?"
Andere Paare haben sich darauf geeinigt, wenigstens einmal wöchentlich auswärts zu essen. Das Geld für einen Babysitter haben sie in ihrem Haushaltsplan vorgesehen, und außerdem legen sie sich Geld für ein Essen in ihrem Lieblingsrestaurant zurück. Gesellige Abende mit anderen Menschen zählen dabei nicht. Sie wollen diese Abende

ganz für sich genießen, damit ihre Herzen zueinander finden.
Selbstverständlich wird man bei unerwarteten Ereignissen ausnahmsweise von diesem Brauch abweichen müssen. Doch darf man sich nicht gar zu schnell davon abbringen lassen oder keine Zeit mehr dafür finden, sonst wird man den Strom, der gegen unsere Brücke fließt, nicht bemerken: Die Gleichgültigkeit.

*3. Du sollst soviel wie möglich von seiner Arbeit wissen.*
Eines Tages kam ein Mann zu mir und brachte mir einen Scheck. Es war ein Anteil an den ersten Tantiemen aus einer Erfindung. Dabei hörte ich eine Geschichte über eine ideale Ehefrau.
„Dieses Patent, das nun Geld einzubringen beginnt", erzählte der Mann, „ist eigentlich gar nicht meine Idee. Grace hat alles studiert, was sie über meine Arbeit finden konnte. Sie las viel und hörte sogar Vorlesungen. Sie sprach mit jedem Fachmann, dem sie begegnete. Und dann sagte sie eines Tages: ‚Al, bei deinem glänzenden Verstand' — ja, so hat sie gesagt — ‚könntest du bestimmt ein Elektronenauge konstruieren, mit dem man gute von schlechten Erbsen noch in der Schote unterscheiden kann.' Und so bin ich eben darauf gekommen."
Dann kam er auf Einzelheiten zu sprechen, die mein technisches Verständnis übersteigen. Jedenfalls arbeitete er mit großem Eifer und entwickelte schließlich diese nützliche Vorrichtung.
Das ist aber nicht die ganze Geschichte. Er fuhr nämlich fort: „Ich mußte meiner Frau versprechen, keinem Menschen zu verraten, wie ich auf diesen Gedanken gekommen bin. Inzwischen hat man mir ein Privatlabor zur Ver-

fügung gestellt, damit ich weitere gewinnbringende Dinge entwickeln kann. Und wissen Sie, wer mir am meisten hilft? Ich kann für eine Frau wie Grace niemals dankbar genug sein."
Er gab mir seine Spende und bat mich, für ihn und seine Frau zu beten. Und so betete ich. Mit Lob- und Danksagung bat ich darum, daß diese beiden Menschen auch künftig für größere Aufgaben mit Gott einig sein möchten.
Sie werden es sein! Eine Frau wie sie ist für jeden Mann ein kostbarer Fund. Das soll genügen, um unser drittes Gebot zu erklären.

Aber auch Verbote sind für den Weg vom Herzen über die Lippen wichtig. Hier sind drei, die man nie vergessen sollte:

*1. Du darfst nicht gemeinsame Interessen verkümmern lassen.*
Fast jedes Paar, das sich zur Ehe entschließt, hat vereinende Gemeinsamkeiten entdeckt. Aber manchmal sterben diese Gemeinsamkeiten aus anderen Gründen ab, als wir sie in unseren drei Geboten angedeutet haben. Welche Gründe sind das?
Eine der Hauptursachen ist es, wenn einer der beiden Partner im Dialog stets die Hauptrolle spielen will. Der Dialog erstickt dabei unter langen Monologen.
Viele Menschen neigen zu dieser Angewohnheit. Wir lieben den Klang unserer eigenen Worte und bedenken nicht, daß das, was uns Glockenklang dünkt, dem anderen, der wartet und wartet, um sich selbst zu äußern, als Krähengekrächze erscheinen kann.

Erfahrene Frauen scheinen auf diesem Gebiet einige Grundregeln zu befolgen: a) Sie kennen viele kleine Tricks, um ihren Männern das Gefühl des „Geh du voran!" zu geben. b) Sie räumen ihm schnell das Feld, wenn sie merken, daß er etwas zu sagen hat. c) Sie lernen, welche Anzeichen bei ihren Männern darauf hindeuten — eine gehobene Augenbraue, ein leichtes Zucken der Mundwinkel, eine gerunzelte Stirn oder sonst eine besondere Geste, die nur ihm eigen ist.

Sicher sollte Dein Mann sich Mühe geben, jedem Deiner Gedanken seine Aufmerksamkeit zu schenken. Hoffentlich ist er dabei so klug, wie er es von Dir erwartet. Aber Du wirst seine Schritte auf Eurer Verbindungsbrücke öfter hören, wenn Du ein feines Gespür für die Augenblicke entwickelst, in denen er sprechen möchte.

Stellst Du es richtig an, so können die Gemeinsamkeiten, die anfänglich schon so viel bedeuten, im Laufe der Jahre beständig tiefer und weiter werden. Allmählich werden sie zu einem Spalier, an dem sich Eure Worte und Gedanken emporranken und vermischen. Dadurch wird die Brücke Eurer Verbindungen für Euch beide anziehender.

*2. Du darfst nicht versuchen, ihn mit Deinem Wissen zu beeindrucken.*

Eifersucht jeder Art ist eine Gefahr für eine Ehe, und eine ihrer schlimmsten Formen ist der geistige Neid. Wenn er etwas weiß, das Dir unbekannt ist, handelst Du klug, wenn Du bescheiden sagst: „Ich bewundere Deinen Verstand! Erkläre mir das!"

Dann wird es freilich auch Gebiete geben, auf denen Deine Kenntnisse die seinen übersteigen. Das verlangt ganz besondere Geschicklichkeit von Dir. Du darfst Dich

mit Deinem Wissen nicht brüsten, sondern mußt allmählich lernen, wie man unauffällig belehrt.
Weißt Du noch? Als Philip und Du noch kleine Dreikäsehochs wart, haben wir an der Haustür eine Klinke so niedrig angebracht, daß Ihr sie erreichen konntet. Das hat zwei kleinen Kindern erhebliche Enttäuschungen erspart. Der Gedanke stammte von einem Gast, der es nicht mochte, wenn Ihr donnernd an die Tür bummertet, um eingelassen zu werden. Sein Vorschlag hat nicht nur Euch das Leben erleichtert, sondern auch Mutter und Vater manchen Schritt erspart.
Du hast beobachtet, daß viele hervorragende Menschen ihre geistige Brillanz zu erreichbaren Höhen herabzumindern verstehen. Dasselbe gilt auch für Euch zwei. Jeder von Euch muß die Kunst verstehen, die Türklinke niedriger anzubringen, um zu geben, was er weiß, und zu empfangen, was er nicht weiß.
Kluge Frauen vergessen nie: Der Mann wird viel stolzer auf seine kluge Frau sein, wenn sie niemals ihre Intelligenz zur Schau stellt, während sie sein Wissen hervorhebt.

*3. Du darfst nicht vergessen, zur rechten Zeit zu schweigen.*
Eigentlich haben wir das bereits in unseren anderen Verboten erwähnt. Wahrscheinlich werden wir es noch häufiger sagen — immer wieder! Der Grund dieser ständigen Wiederholungen liegt darin, daß mir in den zerrütteten Ehen, mit denen ich zu tun habe, eine Unzahl geschwätziger Frauen begegnen.
Eine Gruppe könnte man die „Unterbrecher" nennen. Sie haben, wie viele andere Menschen, eine gemeinsame

menschliche Schwäche. Wir sitzen beim Gespräch auf der Sesselkante und warten ungeduldig auf eine Pause. Und manchmal warten wir auch nicht. Sobald der Gegenüber zum erstenmal Atem schöpft, fallen wir ein und erklären ihm, wie es eigentlich war oder wie es unserer Meinung nach hätte sein sollen. Da ich keine Dame bin, weiß ich nicht, wie sich dieses Problem von Eurer Seite aus darstellt; aber ich habe beobachtet, daß nicht viele von uns Männern etwas von Frauen halten, die beständig den Strom unserer Weisheit unterbrechen.
Eine andere Gruppe der Schwatzhaften sind die „Dauerfrager".
Derselbe Mann, der manchmal hofft, wenigstens hin und wieder ein Wort einwerfen zu dürfen, möchte vielleicht bei anderen Gelegenheiten ganz seinen eigenen Gedanken überlassen bleiben. Wir alle haben in uns Winkel, in denen unsere Gedanken zu Knoten verknüpft sind, und wir wissen, daß diese Knoten noch nicht gelöst werden können. Manche Frage bedarf langer Überlegung, ehe man eine Antwort gut formulieren kann.
Wir begannen unsere Briefe unter der Voraussetzung, daß wir nicht alles voneinander wissen, nur weil wir verheiratet sind. Auch dieser Gedanke ist es wert, daß man sich häufig an ihn erinnert.
Du hast durchaus das Recht, etwas „jetzt gleich" wissen zu wollen. Er hat es auch. Aber andere Gedanken werden erst allmählich und in ihrem selbstgewählten Schritt über die Verständigungsbrücke kommen.
Deshalb heißt richtig lieben oft richtig warten.

Darüber könnte man immer weiter und weiter schreiben, aber hier meldet sich wieder jener Trommler, der uns

seine Lehrsätze einhämmern will: Ein Teil des Weges zum Himmel muß sehr langsam erstiegen werden.
Entwickelt Ihr die Kunst der Verständigung zwischen Euch gründlich und bedächtig, so könnt Ihr eines Tages zu einer durchdringenden Erkenntnis gelangen. Es ist eine große Stunde, wenn es Euch zum erstenmal gelingt, schweigend miteinander zu sprechen. Das sind wunderbare Augenblicke! Sie brauchen keine Worte. Man kann meilenweit fahren, stundenlang beieinander sitzen und stumm mit der Seele des anderen sprechen. Keine Stimme könnte solchem Verstehen etwas hinzufügen. Alles in Euch ist dann still, und Eure Herzen haben Frieden.
Hier ist ein kleines Gebet, an das ich mich jedesmal zu erinnern versuche, bevor ich predige. Ein weiser Professor hat es mich gelehrt. Er wußte um den Wert der ausgesprochenen und der unausgesprochenen Dinge. Vielleicht solltet Ihr es beide für Euer Zusammenleben lernen:

*Gib meinen Worten rechten Sinn*
*und stoß mich an, wenn ich geschwätzig bin.*

Dein Vater

*Auge in Auge*

MEINE LIEBE KAREN,

„Auge in Auge" ist die Kurzfassung dessen, was Deine Mutter und ich unsere „Sieben Regeln für einen sauberen Kampf" nennen.
Die Vereinigung zweier Herzen bringt vieles Liebkosen und Schmeicheln mit sich. Wenn Du klug bist, bereitest Du Dich aber auch auf Kampfgetümmel vor. Wo auch immer zwei temperamentvolle Menschen ihr Heim errichtet haben, wird es hin und wieder ein Geplänkel und bisweilen auch ein heftiges Gewitter geben.
Diese Neuigkeit sollte Dich nicht gerade niederschmettern. Wenn Du sie richtig handhabst, können diese kleinen Streitereien genau das sein, was Deine Ehe braucht.
Es kann Dir innerlich sehr wohltun, Dich einmal richtig zu entladen, und es kann ebenfalls für andere Menschen gut sein, mit denen Du umgehst.
Wenn Vincent zu Hause einmal herausplatzen darf, wird

er in seiner Arbeit vielleicht desto tüchtiger sein. Die meisten Beschäftigungen verlangen heutzutage eine strikte Beherrschung der Gefühle, auch wenn ein Mensch eigentlich allen Grund hätte, „sich gehen zu lassen". Eine gepflegte Art heimischen Geplänkels kann daher ein wahrer Segen für den Mann sein, ein Segen für Dich und ein Segen für seine Mitarbeiter. Dadurch könntest Du sogar seiner Beförderung dienlich sein, und wie gern haben wir doch alle Gehaltserhöhungen!

Ein guter, sauberer Kampf kann ein ausgezeichnetes Vorbeugungsmittel für Eure Gesundheit sein. Es kann Kopfschmerzen, Halsschmerzen und hohen Blutdruck vermeiden, Magengeschwüre und Allergien, Launen und Grillen und eine Menge anderer Dinge, die Du gern vermeiden möchtest.

Außerdem macht der Kampf sogar Spaß, wenn Ihr es nur richtig anstellt. Wenn manche Paare sagen: „Wir sind jetzt x Jahre verheiratet, und zwischen uns hat es noch nie ein böses Wort gegeben", dann bedeutet das zumeist, daß sie gelernt haben, ihre Probleme offen auf den Tisch zu legen und darüber zu sprechen.

Leben sie aber wirklich in Schafsgeduld miteinander, so versäumen sie einen guten Teil des wirklichen Lebens. In einer unserer Gemeinden gehörte zum Kirchenrat eine rotschöpfige Dame namens Delphine. Eines Tages wurde sie gebeten, über eine Gestalt des Alten Testaments zu sprechen. Die verlegene Art, in der sie begann, paßte gar nicht zu ihr. Aber kurz vor dem Schluß faßte sie ihre Verlegenheit in folgende klassische Worte zusammen: „Kinder, der Mann tut mir leid. Ich habe alles studiert, was über ihn zu finden ist, und soweit ich feststellen konnte, hat der arme Kerl ein völlig normales Leben geführt."

Leider erinnere ich mich nicht mehr, um wen es sich dabei handelte. Mir fällt auch keine einzige biblische Gestalt ein, die in dieser traurigen Lage gewesen wäre. Vielleicht hatte Delphine doch etwas übersehen. Aber sollte sie recht gehabt haben, dann müssen wir uns ihrem Mitleid anschließen.

Das Leben besteht zum Teil aus Spaß, und ein Teil des Spaßes liegt darin, über Probleme nachzudenken, Meinungsverschiedenheiten auszutragen, sich um geistige Begegnung zu bemühen, innere Verwirrung aufzuhellen und zu lernen, wie man mit ihnen fertig wird.

Also fahre nur ruhig hin und wieder Deine Geschütze auf Eure Verständigungsbrücke auf und rüste Dich zum Gefecht „Auge in Auge".

Hier folgen nun unsere „Sieben Regeln für einen guten klaren Kampf". Wir haben uns darauf geeinigt und geben sie Dir weiter, weil wir uns fünfundzwanzig Jahre daran erfreut haben.

*1. Ehe wir beginnen, müssen wir uns beide darüber einig sein, daß der Augenblick dafür richtig ist.*

In jedem steckt ein emsiger kleiner Kampfhahn, der gleich drauflosgehen will, wenn ihn etwas reizt. Dann gibt es wieder Tage, an denen wir alle unsere Kraft zum Atmen zusammennehmen müssen. Eine kluge Frau lernt, manchmal wie ein Kätzchen zu schnurren, wenn sie lieber wie eine Katze die Krallen zeigen würde. Wenn Dein Mann abgespannt aus dem Büro kommt, ist hierfür nicht der rechte Augenblick. Auch der kluge Mann muß lernen, wie er Waffenruhe halten kann, auch wenn er vor Ärger am liebsten explodieren möchte. Da Frauen manchen harten Tag mit den Kindern erleben und Wochen, in denen sie nicht in bester Form sind, muß auch er Selbstbeherrschung üben. Das kleine Wörtchen „beide" in dieser ersten Regel wird immer wichtiger, je länger man es studiert.

Man kann durchaus lernen, am anderen die Zeichen zu erkennen, daß es bald wieder einmal soweit sein wird. Um einen erfahrenen weiblichen Rat für Dich zu haben, fragte ich kürzlich eine kleine Gruppe von Frauen, woran sie erkennen, wenn ihr Mann die Kriegsflagge gehißt hat.

Hier sind vier Bemerkungen, die ich Dir zum Nachdenken empfehlen möchte: „Wenn er anfängt, über den Straßenverkehr zu schimpfen, dann weiß ich Bescheid." „Ich weiß, daß ihn etwas ärgert, wenn er mehr Salz als sonst ins Essen streut." „Wenn er sich ungewöhnlich stark darüber aufregt, daß die Hemden nicht gut genug gebügelt sind, dann ist er zum Kampf bereit." „Mein Mann sucht Streit, wenn er beginnt, sich über Rechnungen zu beschweren." Selbstverständlich wird das bei jedem Mann anders sein. Sicher kannst Du auch Vincents Merkmale der Kampfbereitschaft herausfinden.

Manche Dinge warten besser, andere sollten nicht warten, und manches kann man auch zu lange warten lassen.

Was Ihr auch tut — zwei Fragen solltet Ihr Euch beide immer zuvor stellen: „Ist der Verteidiger bereit? Ist die Anklage gut vorbereitet?"

2. *Wir wollen uns stets darauf besinnen, daß das einzige Ziel der Auseinandersetzung das gegenseitige bessere Verständnis sein soll.*

Es gibt einige wichtige Regeln für den Gesprächsstreit zwischen Eheleuten, die wirklich zu beachten sind. Über Demut und Aufrichtigkeit werden wir später noch ausführlicher sprechen, aber im Streit werdet Ihr sie brauchen. Keiner von Euch ist vollkommen ein heiliger Georg, und keiner von Euch ist ganz und gar der Drache.

Auch Geduld wird verlangt. Ohne sie würdet Ihr in einer Stunde mehr niederreißen, als Ihr in vielen Wochen wieder aufbauen könntet.

Gnade, Anstand und Liebe zur Wahrheit sollten in Euren Herzen sein, wenn Ihr „Feuer frei!" gebt.

Wenn einer von Euch wirklich hart angreift, dürft Ihr nie vergessen, daß Ihr nur ein einziges Ziel habt: Eure Ehe durch tieferes Verständnis zu verbessern.

*3. Wir wollen uns immer wieder vergewissern, ob unsere Waffen nicht tödlich sind.*

Das ist die natürliche Folge dessen, was wir bereits sagten. Ein Kampf bis zum letzten Atemzug mag hier und da angebracht sein; in der Ehe ist er es nicht. Hier sollt Ihr Schwierigkeiten beseitigen, aber kein Begräbnis fordern.

Seid also ganz besonders vorsichtig in der Wortwahl, wenn Euch das Temperament durchgehen will.

Gerade jetzt bemühe ich mich, eine Ehe zu heilen, in der wirklich die Temperamente durchgegangen sind. Der Mann hat hier einen bösen Fehler begangen, indem er sie wütend anschrie: „Deine verflixten Sommersprossen konnte ich sowieso noch nie ausstehen!"

Sie hatte das ganze Gesicht voller Sommersprossen, die ihr eigentlich reizend standen. Aber schon als Teenager hatte sie deswegen manchen Kummer gehabt. Immer hatte er behauptet, ganz vernarrt in ihre Sommersprossen zu sein, und das war wohl auch eine Teilwahrheit. Aber zum anderen Teil stimmte es eben nicht, und gerade diesen Teil ließ er nun vorherrschen, als ihr Streit auf dem Höhepunkt angelangt war.

Wir machen Fortschritte. Er hat sich tausendmal entschuldigt. Aber noch lange wird die heimliche kleine Sorge in ihrem Kopf herumspuken: „Mag er meine Sommersprossen wirklich gern, wie er immer beteuert hat, oder hat er im Streit die Wahrheit gesagt?"
Sadismus ist in jeder Form schlecht, aber eine seiner übelsten Formen besteht darin, dem anderen Dinge vorzuwerfen, die er nicht ändern kann.
Selbst die mildeste Kritik sollte behutsam vorgebracht werden. Wird sie in Wut herausgebrüllt, können nur zu leicht scharfe Worte zurückgeworfen werden, die nichts bessern, sondern alles verschlimmern.
In uns allen steckt ein innerer Verteidigungsmechanismus, der sich zu regen beginnt, sobald wir kritisiert werden. Manche Männer lernen auf dem Gebiet der Selbstbeherrschung viel von ihren Frauen. Wenn Du Deine Zunge beherrschen kannst, auch wenn es Deinem Mann nicht gelingt, wird er mit einem ganz neuen Respekt vor seiner wunderbaren Frau aus dem Kampf hervorgehen, die genau weiß, wann man etwas nicht sagen darf.
Eine andere Waffe, die man nicht verwenden sollte, sind die abgebrauchten Phrasen, die allmählich so ermüdend geworden sind, daß sie zu erbitterten Reaktionen führen. Ein sehr glückliches Ehepaar sagte mir, es habe die Worte „nie" und „immer" aus ihrem Vokabular gestrichen. „Nie bist Du pünktlich zu Hause!" oder: „Bei Dir kommen immer die Kinder zuerst." Das ist für sie ein gefährlicher Zündstoff, der großes Unheil verursachen kann. So haben die beiden klugerweise beschlossen, die auslösenden Wörter zu verbannen. Bald wirst Du die eigenen „hochexplosiven" Phrasen herausgefunden haben und so klug sein wie das Paar, von dem ich Dir erzählte.

Und jetzt kommt ein Paradox. Wir sagten schon, daß keine Antwort zuweilen die beste Antwort sein kann. Aber manchmal kann das Schweigen auch die schlimmste aller Antworten sein. Das völlige Verstummen der Frau, die er liebt, kann für den Mann ein wahrer Höllenlärm sein, wenn er darauf wartet, daß sie ihr Schweigen bricht.

Präge Dir also die dritte Regel ein und nütze sie geschickt. Die Schwerter, die Ihr in Euren Kämpfen schwingt, müssen aus einem nachgebenden Stoff geschmiedet sein. Eure Kanonenkugeln sollten eher Schneebällen als Feuerbällen ähneln.

*4. Wir wollen die Stimmen senken, statt sie zu heben.*
Diese Regel stellten wir schon auf, ehe wir verheiratet waren. Sie entstand, wie so vieles in unserer Liebe, durch die innere Ruhe Deiner Mutter. In meiner stürmischen Vergangenheit schrien wir uns im Zorn an, und mit zunehmendem Zorn wuchs die Stimmstärke.
Ich habe Dir oft erzählt, wie ich mich in Mutters Stimme verliebte, ehe ich ihr Gesicht gesehen hatte. Sie rezitierte eines Tages in unserer Klasse. Wir waren eine ziemlich große Studiengruppe. Ich schaute aus dem Fenster und überlegte, ob diese Neue vielleicht das große Spiel starten würde.
Und dann drang ihre Stimme voll tiefen Friedens an mein Ohr. Ich sah sie an und faßte im selben Augenblick einen festen Entschluß. Falls ich mich jemals viel für Mädchen interessieren würde, so würde ich mich für sie zuerst interessieren.
Den Rest weißt Du. Als wir uns näher kennenlernten, begriff ich, was Shakespeare meinte, als er sagte: „Ihre

Stimme war stets sanft, zärtlich und mild; ein köstlich Ding an Frauen!"
Aber wie bei allen Liebenden, kam es auch bei uns zum ersten Streit, und ich begann ihn auf die gewohnte Weise. Daraufhin unterbrach sie meinen Wortschwall und meinte, sie wisse eine bessere Art. „Wollen wir uns nicht einigen", schlug sie ruhig vor, „von nun an beim Streiten unsere Stimmen um eine Oktave zu senken, anstatt sie um zwei zu heben?"
Es war ein schrecklicher Kampf. Aber so ist das nun einmal. Von einem Mann wird sehr viel Disziplin verlangt, die Stimme im Streit zu dämpfen. Und für manche Frauen gilt das auch.

*5. Wir werden niemals öffentlich streiten oder private Angelegenheiten verbreiten.*
Zu einer unserer Kirchengemeinden gehörte ein wahres Bluthund-Ehepaar. Jeder schnüffelte beständig den Schwächen des anderen nach.
Ein Beispiel: Er erzählte glücklich von Ferienerinnerungen. Sie schnüffelte angespannt nach einem Fehler, bis sie ihn fand. Er verfiel einem furchtbaren Irrtum! Als er von den Erlebnissen ihrer zwei vergangenen Wochen berichtete, sagte er: „Am ersten Dienstag regnete es, und so blieben wir im Haus und spielten Karten."
Und los ging es!
„Nein, nein! Erinnerst du dich denn nicht, Liebling? Am Dienstag sind wir ins Gebirge gefahren. Geregnet hat es erst am Mittwoch."
Damit war der Krieg ausgebrochen.
„Nein, es muß doch Dienstag gewesen sein, weil . . ." Und so weiter. Binnen kurzem hörten wir den vollständigen

Bericht über Montag, Donnerstag, Freitag, Samstag und Sonntag, und dann schickten die Kämpfenden ihre Truppen in die Schlacht um die zweite Ferienwoche.
Unter den Zuhörern war ein reizender aber rauher Viehzüchter, den wir den Großen Ed nannten. Er war in jeder Hinsicht stark, auch im Gebrauch seiner Stimme, wenn es in ihm zu brodeln begann. Mit heimlichem Beifall von uns allen schrie er den beiden Streitenden in die Ohren: „Warum wascht ihr eigentlich eure Privatwäsche nicht zu Hause?"
Das ist eine gute Frage, auf die es nur eine Antwort gibt. Alle privaten Auseinandersetzungen und Reibereien sollten am geeigneten Ort ausgetragen werden — und der ist in den eigenen vier Wänden.
Die fünfte Regel sagt aber auch noch, daß wir uns niemals in der Öffentlichkeit gegenseitig kritisieren wollen, wenn wir nicht beisammen sind. Ich kenne nur wenige Männer, die es ihren Frauen verzeihen können, wenn sie hinter ihren Rücken kritisiert und beschuldigt werden.
Du solltest Vincent unbedingt erklären, daß sich Frauen gerade in diesem Punkt kaum von Männern unterscheiden.
Unterstreiche die fünfte Regel dick mit Rotstift!

6. *Wir wollen über einen Waffenstillstand verhandeln, sobald einer von uns „Halt!" ruft.*
Beachte die Worte: „Wir wollen verhandeln!" Manche Männer geben von Natur aus leicht nach, und manche Frauen hissen zu schnell die weiße Fragge. Bei uns müssen wir stets einstimmig für den Waffenstillstand sein. Manchmal ist Schweigen nicht Gold. Es kann auch nur ein blaßgelber Schatten sein.

Wenn Ihr Euch auf diese Regeln einigt, dann habt Ihr beide die vollständige Gewißheit für ein ehrliches Spiel vom Anfang bis zum Ende. Ohne Ritterlichkeit auf beiden Seiten kommt es nicht zu dem guten und sauberen Kampf, auf den diese Regeln abzielen.

Aber wir wissen ja schon, daß manches in der Ehe auch ganz anders laufen kann. Manche Männer möchten bei einem Streit am liebsten die ganze Nacht aufbleiben, um die Gegnerin zu bedrängen. Wie läßt sich ein Streit beenden, wenn sie gern aufhören möchte, er aber noch debattieren will? Wir haben ein Mittel zur Feuereinstellung, das bei uns kaum jemals versagt. Der entscheidende Satz ist folgender: „Ich beginne allmählich zu verstehen, was du meinst, aber ich muß erst in Ruhe darüber nachdenken. So laß uns jetzt bitte den Streit beilegen, und ich überlege mir, ob du vielleicht recht haben könntest." (Das ist nämlich immer möglich).

Wenn das nicht wirkt, ist Deine Ehe vielleicht kranker als Du glaubst. Vielleicht brauchst Du dann fachmännische Hilfe von außen, um tief in das Innere einzudringen und um ernsthaftere Probleme zu lösen, die durch eine Regel wie diese nicht mehr zu bewältigen sind.

7. *Haben wir uns geeinigt, so ist das Thema erledigt, bis wir beide eine nochmalige Aussprache für notwendig halten.*

Eine gesunde Ehe verlangt, daß man manches nie vergißt und sich an anderes niemals erinnert. Die Ehe braucht ihre verschlossenen Truhen. In einige davon legst Du die unangenehmen Dinge, und dann wirfst Du den Schlüssel fort. Andere Dinge hebst Du auf, um sie später nochmals vornehmen zu können.

Hast Du bemerkt, daß auch in dieser Regel das Wort „beide" vorkommt? Wenn einer dem Waffenstillstand nicht völlig überzeugt zustimmt, wird es gut sein, noch einmal über alles zu sprechen.

Eine der schönsten Tatsachen im Zusammenleben von Mann und Frau besteht darin, daß man einander auch dann lieben kann, wenn einem am anderen nicht alles gefällt.

Kürzlich hörten wir einen Redner, der meinte, ein Ehepaar sollte abends nicht eher zu Bett gehen, ehe sie nicht alles miteinander besprochen haben. Er gründete diese Forderung auf das Wort des Paulus: „Lasset die Sonne nicht über eurem Zorn untergehen."

Wir hatten keine Gelegenheit, den Mann nach seinem Vortrag zu sprechen, aber ich frage mich, ob er das Alles in seiner Forderung wirklich ernst meinte. Das Wort des Apostels klingt ideal, aber leider trifft es nur in die ungefähre Richtung der Wahrheit, wenn man es nicht interpretiert.

Manche Theologen behaupten, Paulus sei verheiratet gewesen, andere sind vom Gegenteil überzeugt. Aber wie dem auch sei, wenn man seine Briefe liest, spürt man, daß er genau wußte, wovon er sprach. Derselbe Paulus lehrt uns, daß Menschen, die mit dem rechten Geist erfüllt sind, an dessen Früchten erkannt werden: „Liebe, Freude, Friede, Geduld, Freundlichkeit, Gütigkeit, Glaube, Sanftmut, Keuschheit." Wer könnte das alles besprechen, ehe ein Tag vergeht?

Hebe das eine für später auf, verwirf das andere für immer. Rede selbst und höre zu; dadurch wirst Du immer weiter vorankommen. Die letzten Höhen wirst Du jedoch nicht bis zum Abend erreichen, aber das ist auch unnötig.

Wenn Du an diesem einen Tag alle Liebe schenkst, die Dein Herz hervorbringen kann, wird der nächste Tag Dir neue und größere Liebe geben. Für Liebende, die sich ständig ihre Liebe neu schenken, werden die gemeinsamen Freuden an der Ehe nie versiegen.

Ich wünsche Dir einen guten Kampf.
Dein Vater

*Es tut mir leid, Liebling!*

Meine liebe Karen,

die wichtigsten Worte in einer Ehe sind nach dem immer wieder neu beglückenden Bekenntnis „Ich liebe Dich!" in dem demütigen kleinen Eingeständnis enthalten: „Es tut mir leid, Liebling".
Wir haben schon darüber gesprochen, daß das Zusammenleben in vollkommener Harmonie eher eine ideale als eine realistische Vorstellung ist. Selbst gegen Menschen, die wir lieben, können wir manchmal aufzüngelnden Haß empfinden. Darauf mußt Du Dich vernünftig einstellen. Vielleicht mußte man sich von einem bösen Wort endlich einmal befreien. Vielleicht wurden dadurch die inneren Kammern gereinigt, um der Liebe desto mehr Platz zu geben.
Da die Entschuldigung in der Ehe sehr wichtig ist, wollen wir diesen Brief auf drei Gedanken verwenden, die hilfreich sein können.

*1. Manchem fällt es schwer, sein Bedauern auszudrücken.*
Eine Frau, die mit einem besonders frommen Mann verheiratet ist, legte in einem Gespräch folgendes trauriges Zeugnis ab: „David steht *immer* auf der Seite Gottes, und es ist so schwer, mit einem Mann auszukommen, der *immer* auf Gottes Seite steht."

Mit manchen Männern fällt das Zusammenleben schwer. Auch Männer haben es nicht leicht, wenn ihre Frauen sich wie selbsternannte Heilige gebärden. Du wirst bald begreifen, daß wir hier wieder einen Punkt mit sehr tief wurzelnden Problemen erreicht haben. Vielleicht hat man dem Mann erzählt, daß Reue in jeder Form eine Abart der Schwäche ist. Vielleicht hat er sich einmal entschuldigt und ist abgewiesen worden. Vielleicht kannst Du ihm dann helfen, den Grund selbst zu erkennen und sich somit von einem lästigen Überbleibsel seiner Kindheit zu befreien.

Immer wirst Du bei einem Streit gut daran tun, zu überprüfen, ob Du diesmal nicht selbst der schuldige Teil bist. Wenn Du Dich vor Dir selbst zu sehr verteidigst, wenn Du den anderen in Gedanken beständig beschimpfst, wenn Du Dich selbst bemitleidest, wenn Du Maulwurfshügel als Gebirge betrachtest, wenn jedes Deiner Worte wie die eines kommandierenden Offiziers klingen, wenn Du jeden von Deinen Lieblingsideen überzeugen willst, dann ist es Zeit für Dich, an eine Entschuldigung zu denken. Ein Prophet des Alten Testaments sagt uns ein Wort für die Zeiten, in denen wir unbeweglich in unserer Verteidigungsstellung verharren: „Aber es ist umsonst, daß du viel Heilmittel brauchst, du wirst doch nicht heil."

Darum wollen wir uns einen Satz einprägen: „*Größe beginnt nie, wenn sie nicht bei mir beginnt!*"

Selbst wenn er — was unwahrscheinlich ist — allein schuldig sein sollte, kannst Du einen Streit vermeiden und doch Deine Selbstachtung bewahren. Wenn er sich weigert, aufrichtig zu sein, solltest Du es bleiben und offen sagen: „Es tut mir leid, daß wir gestritten haben. Entschuldige. Ich habe manches gesagt, was ich besser nicht gesagt hätte. Es gibt so vieles, was mir an dir gefällt. Deine Liebe bedeutet mir mehr als alles andere auf der Welt, und ich fühle mich ganz elend, wenn wir uneins sind."
Ohne leere Worte kannst Du versuchen, den Streit von Dir aus beizulegen. Weigert er sich auch dann noch, so hast Du wenigstens Deine Seele darauf vorbereitet, ihn herzlich zu empfangen, wenn er zum Einlenken bereit ist. Ein Mann muß krank sein, wenn er das aufrichtige „Ich will dich doch lieben!" seiner Frau beharrlich überhört.
Zu einer Entschuldigung muß wohl zumeist der Reifere von Euch beiden den ersten Schritt tun. Manche Fachleute meinen, daß das Geheimnis eines harmonischen Familienlebens darin besteht, daß in einer Ehe nicht alles im Verhältnis fünfzig zu fünfzig geteilt wird, sondern eher im Verhältnis sechzig zu vierzig. Wenn aber beide Teile bereit sind, mehr als den halben Weg zu gehen, dann ist es geschafft! Diese Weisheit bezieht sich ganz besonders auf das Entschuldigen. Hoffentlich könnt Ihr beide Euch dazu bringen, mehr als den halben Weg zu gehen.

*2. Bedauern und Humor passen gut zusammen.*
Ein unbekannter Weiser meint, wir kämen einen guten Schritt voran, wenn wir sagen könnten:

> Ich bin ein Narr,
> Du bist ein Narr,
> Er ist ein Narr,

Wir sind Narren,
Ihr seid Narren,
Sie sind Narren.
Es hilft uns, einen Blick für die richtigen Verhältnisse zu gewinnen, wenn wir mit dem Satz „Ich bin ein Narr" beginnen.
Und da fällt mir wieder etwas Denkwürdiges ein. Deine Großmutter sagte oft: „Vergeßt nicht, daß es zwei Arten von Fröhlichkeit gibt; einmal ist es die Hahaha-Fröhlichkeit und zum anderen die eigene Fröhlichkeit. Die müßt ihr gut unterscheiden können!"
Das paßt sicher auch auf die engen Beziehungen zwischen Eheleuten. Übertriebenes Gelächter deutet eher auf Hysterie als auf gute Gesundheit hin. Manche Dinge der Ehe sind kein Platz für eine Komödie.
Auch Lächeln kann von sehr verschiedener Art sein. Du wirst darauf achten müssen, welches Deiner vielen Gesichter für den Augenblick paßt. Spiele keine Komödie, wenn das Stück den entscheidenden Ausdruck der Realität verlangt.
Wenn ein Paar aber lernt, sich lachend und lächelnd über Fehler hinwegzusetzen, dann ist das sicher ein Segen für beide. Im Himmel gibt es anscheinend besondere Säuberungstruppen, die auf dieses Signal hin tätig werden. Sie kommen und räumen fort, was zerbrochen ist, und geben der Ehe dadurch einen neuen Beginn.

*3. „Wer war es?" „Warum tat er das?" „Wie konnte sie nur?" sind in einer Ehe höchst unwichtige Fragen für eine Entschuldigung. Wichtig ist allein die Frage: „Wie können wir am schnellsten alles wieder in Ordnung bringen?"*

Die kleine Stadt, in der ich aufwuchs, war ein Paradies für wasserbegeisterte Jungen. Eines Tages wurde ein Kanurennen angekündigt. Die Rennstrecke lag ein Stück stromaufwärts, und keiner von uns kannte diesen Teil des Flusses. Wir hatten genug Vorbereitungszeit. Selbstverständlich sahen wir uns die Rennstrecke genau an und übten manche Stunde. Mr. Reed lebte am Ufer, an dem wir oft spielten, und war unser Freund. Bei einem unserer abendlichen Besuche beklagte ich mich über die vielen Felsbrocken und Stromschnellen auf der Rennstrecke. Eine Weile hörte mir Mr. Reed zu, dann unterbrach er mich. „Mein Sohn", sagte er, „wer sich über die Felsbrocken beschwert, der kann nie gewinnen. Kümmere dich nicht um die Steine, sondern sieh zu, wie man sie am besten umfährt."

Das ist auch für Liebende ein kluges Wort. Nehmen wir einmal an, er hat angefangen. Oder vielleicht bist Du der schuldige Teil. Wahrscheinlich kann keiner von Euch sich genau an den Anfang erinnern. Aber wo der Ursprung liegt, ist gar nicht so wichtig. Es kommt nur darauf an, wann der Streit wieder begraben ist. Je eher, je besser, das gilt hier unumstritten.

Sollte also gerade heute einer dieser Tage sein, dann eile gleich zum Telefon, wähle seine Nummer und laß mit Deiner zärtlichsten Stimme all Deine Liebe aus Deinem Herzen strömen. Dann bricht die Freude wieder in neuem Glanz durch, und Du erlangst wahre Würde, wenn Du die Last Deiner Irrtümer mit dem zweitwichtigsten Wort der Liebe ablädst: *„Es tut mir leid, Liebling!"*

                Mit höflicher Entschuldigung!
                                Dein Vater

P. S.: Da fällt mir ein, daß Du vielleicht wissen möchtest, wie es David geht, dem Mann, der *„immer* an der Seite Gottes steht". Ich glaube, wir machen Fortschritte. Er fängt allmählich an, seine Eitelkeit einzudämmen. Wenn er sich weiter bessert, werde ich ihm eines Tages sagen können, daß es Mose war und nicht David, der die Gebote Gottes vom Berge Sinai herabbrachte.

*Demut und Aufrichtigkeit*


MEINE LIEBE KAREN,

ich habe eine hübsche Zeichnung gesehen. Ein Mann steht im strömenden Regen an einer Straßenecke. Das Wasser läuft ihm von der Hutkrempe, und obwohl er vor Kälte zittert, rafft er endlich allen Mut zusammen und sagt: „Wenn der Bursche mich jetzt noch einmal eine Dreiviertelstunde warten läßt, soll er versuchen, sich sein Geld anderswo zu borgen!"
Demut wird oft auf diese Weise dargestellt. Aber wahre Demut hat letzten Endes nichts damit zu tun, daß man sich vor anderen Menschen duckt und durch das Leben kriecht.
Einer meiner Quäkerfreunde benutzt einen Ausdruck, der mir der Wahrheit nahe zu kommen scheint. Wenn er vom Leben, vom Menschen oder von den Umständen niedergedrückt worden ist, sagt er lächelnd: „Meine Seele ist bescheiden gemacht worden."

Ich habe lange Diskussionen und Vorträge von Wissenschaftlern gehört und tiefschürfende Predigten darüber gelesen, was wohl der Satz bedeutet: „Selig sind die Sanftmütigen." Die Interpretationen reichen vom armen Kasper bis zu mächtigen, klangvollen Phrasen.
Gehe ich auf den Ursprung zurück, so meine ich, demütig sein bedeutet einzig und allein, daß wir den Unterschied spüren zwischen dem, was wir sind und dem, was wir sein wollen.
Die bedeutendsten Menschen, die ich kenne, sind mit dieser Bescheidenheit gesegnet. Das gilt auch für die besten Ehen. Ihr werdet Euer Leben sehr bereichern, wenn jeder von Euch sagen kann: „Selig sind die Paare, die demütig und aufrichtig sind, denn sie werden höhere Liebe erlangen."
Manches Schöne geschieht, wenn Ihr in dieser Glückseligkeit lebt. Der Mut, sich selbst zu erkennen, der Anstand, sich zu entschuldigen, die Geduld, zu schweigen, wenn es sein muß, die Fähigkeit eines jeden, den anderen vor den Spiegel zu führen — das sind nur einige der guten Dinge, die Demut und Aufrichtigkeit mit sich bringen, wenn Ihr ihnen in Eurer Ehe ihren Platz einräumt.
Zwei häßliche Dinge wollen wir betrachten, die nicht mehr oft an Eure Tür klopfen werden, wenn Eure Seelen gemeinsam demütig sind.
Eines davon ist der *Klatsch*. In einer geläufigen Redensart wird behauptet: „Kleine Geister sprechen über Menschen, durchschnittliche über Geschehnisse, große Geister aber über Ideen."
Selbstverständlich werdet Ihr manchmal über Menschen sprechen, manchmal über Geschehnisse. Aber Ihr sollet Eure Gespräche von Zeit zu Zeit prüfen, ob Ihr durch sie

nicht Schmutz und Staub von außen in Eure Gedanken eindringen laßt.
Urteil und Verurteilung haben ihren Platz genau wie Zensur und Kritik. Aber ihr wichtigster Ort ist nicht in Eurem Heim.
Ob Männer auf diesem Gebiet so schuldig sind wie Frauen, ist eine offene Frage. Viele von uns Männern haben sich da durchaus etwas vorzuwerfen.
Ihr könnt aber dagegen selbst gut vorbeugen, indem Ihr Eure Gespräche eher auf konstruktive als auf destruktive Themen lenkt.
Ein Frauenverein in meinem Bekanntenkreis hat etwas sehr Interessantes getan. Die Dame, die mir davon berichtete, sagte: „Niemand von uns würde Geld oder sonst irgend etwas stehlen. Und doch hatten wir uns angewöhnt, anderen gedankenlos ihren guten Namen zu stehlen."
Dann wagte eine tapfere Frau endlich, sich dazu zu äußern. Diese wirklich charaktervolle Frau verstand zu überzeugen und redete nicht lange um die Tatsachen herum. Als Gegenmittel rahmten sie ihren weisen Ausspruch ein und hängten ihn an eine Stelle, an der sie ihn immer vor Augen hatten:
*Ich werde nichts über sie sagen, es sei denn, ich hätte etwas Gutes zu sagen.*
In diesem Verein soll der Satz Wunder gewirkt und der Gemeinschaft einen ganz neuen Geist gegeben haben. Wollte jedermann in seinem Hause ein Gleiches tun, so könnte hierdurch die Atmosphäre mit Erfolg gereinigt werden.
Vielleicht sind Demut und Aufrichtigkeit deswegen so schwer zu üben, weil es leichter ist, in einem fremden Kel-

ler herumzuschnüffeln, als im eigenen den Unrat auszuräumen. Verharrt man aber dabei, so wird man nicht zu innerer Größe reifen können. Man steigt selbst abwärts, wenn man den Abstieg anderer verfolgt. Lenkt man seine Schritte nach oben auf ein besseres Ziel, so steigt man auf. Das ist eines der allumfassenden Gesetze, von denen es keine Ausnahmen gibt.
Gestattet man sich die Haltung des „Gott sei Dank, daß wir besser sind als die anderen", so wird die eigene Verbindungsbrücke für beide Ehepartner bald nicht mehr sehr sauber und anziehend wirken.
*Nörgelei* gehört zu den Vorwürfen, die ich in meinem Arbeitszimmer am häufigsten höre. Aus irgendeinem Grunde bringen Männer diese Klage häufiger vor als Frauen. Wieder bin ich nicht sicher, ob Frauen wirklich mehr nörgeln als ihre Männer, aber eines weiß ich gewiß: Wenn Du willst, daß er Dich immer liebt, dann vermeide das Kritteln und Nörgeln.
Wer hier übertreibt, sollte in der eigenen Vergangenheit suchen, um die Gründe seines kritischen Verhaltens zu finden. Perfektionismus ist eine der üblichen Quellen. Wenn ein Kind von Erwachsenen erzogen wird, die auf dem Standpunkt stehen, daß nur das Allerbeste ihres Kindes sie befriedigen könne, dann kann dieses Kind allzu leicht eine spitze Zunge entwickeln. Eine zu strenge Erziehung mit übersteigerten Ansprüchen führt fast immer zu Unzufriedenheit mit allem und jedem.
Männer, die mit solchen Frauen leben müssen, werden dadurch nicht etwa belehrbarer. Sie richten nur hohe Verteidigungswälle auf, und zuletzt verschließen sie noch ihre Ohren mit schalldichten Mauern. Läßt ihr Hörapparat sich darauf jedoch nicht einstellen, dann gehen sie einfach dem

ewigen Einerlei der Vorwürfe und Beanstandungen aus dem Weg, zu dem ihre Ehe geworden ist: Unnötige Überstunden, starkes Trinken, anderen den Hof machen und endlich das Büro des Scheidungsanwalts können ihnen dann im Vergleich zu den Wortkaskaden der Frau himmlische Ruhe bedeuten.

Ein solcher Mann beschrieb seine Frau mit diesen belastenden Worten: „Sie wäre ein großartiger Staatsanwalt! Immer hat sie ihre Akten über alle meine Fehler gut beisammen. Sieben Tage wöchentlich und vierundzwanzig Stunden täglich arbeitet sie daran!"

Das ist eine trübselige Feststellung, nicht wahr? Leider gibt es aber in jedem Dorf und in jeder Stadt Frauen, die es mit der so beschriebenen durchaus aufnehmen können. Wenn Du also nur die leiseste Neigung in dieser Richtung bemerkst, dann nimm Dich zusammen und schließe die Prozeßakten augenblicklich!

Demut und Aufrichtigkeit werden Dich von selbst reinigen, wenn Du ihnen nur jeden Winkel und jede Spalte öffnest. Aber sie haben die unangenehme Eigenschaft, immer bei dem wirklich Wesentlichen zu beginnen, oder aber sie können mit ihrer Reinigung gar nicht erst anfangen. Schließlich wandern sie dann vielleicht mit ihren Eimern und Besen auf die andere Seite der Partnerschaft ab, aber Du darfst sie niemals auffordern, beim anderen zu beginnen. Sie tun es nicht!

„Meine Seele ist bescheiden gemacht worden!" sagte mein Quäkerfreund. Ich hoffe, Du besitzt soviel Weisheit und Würde, um zu den liebenswerten Frauen zu gehören, die seinen Worten den richtigen Platz einräumen.

Wenn Du Flügel hättest wie ein Engel, wärst Du vielleicht für den Himmel bereit. Obwohl wir alle hoffen, eines

Tages dorthin zu gelangen, erreichen wir das Ziel vielleicht doch viel leichter, wenn wir ehrlich sagen: „Meine liebe Seele, du schmerzt mir hier und hier."
*Ich wünsche Dir die Seelengröße, Dich selbst zuerst in Demut und Aufrichtigkeit zu prüfen.*

    Mit dem Wunsch für gemeinsame Demut!
Dein Vater

P. S.: Ich erinnere mich eben an eine Frau, die sagte: „Ich dachte immer, ich brauchte einen neuen Mann, bis mir endlich der Gedanke kam, daß mein Mann vielleicht eine andere Frau braucht."

*Durchbruch zum wahren Selbst*

MEINE LIEBE KAREN,

es ist sehr wichtig für Dich, dies von den Männern zu wissen: Sie verbringen den größten Teil ihres Tages in einer unpersönlichen Welt.
In gewissen Berufen zählt das, was der Mann tut, weit mehr als das, was er wirklich fühlt. Seine Leistung ist für das Geschäft wichtiger als seine Denkungsart. Die Entwicklung des modernen Geschäftslebens brachte es mit sich, daß der Mensch oft hinter dem allmächtigen Geld zurücktritt. Dabei kann das wirkliche Wesen eines Mannes völlig unterdrückt werden.
Deshalb wird ein Mann fast alles für eine Frau tun, die es richtig versteht, bis zu seinem innersten Kern vorzudringen.
Ich will Dir an einem Beispiel erklären, wie ich das meine. Du wirst Dich nicht daran erinnern, denn damals warst Du noch zu klein.

Ein führendes Mitglied des Kirchenvorstandes, Vater von zwei erwachsenen Töchtern, verließ seine Frau und heiratete eine Fahrstuhlführerin. Nicht ich allein war darüber entsetzt. Die ganze Stadt war verblüfft, als er sein gutgehendes Geschäft aufgab, um in einen anderen Staat zu ziehen und dort neu anzufangen. Eine Zeitlang schien es in unserer Gemeinde keinen wichtigeren Gesprächsstoff auf der Welt zu geben.
Aber ich möchte Dir ein paar Sätze schreiben, die er sagte, als er sich von mir verabschiedete. Wir waren gut befreundet gewesen und konnten offen miteinander sprechen. Er wollte mir sein Verhalten erklären und sagte: „Charlie, ich erwarte nicht, daß du mich verstehst, aber ich will dir erklären, wie alles angefangen hat. Eines Tages fuhren wir allein im Fahrstuhl aufwärts. Bevor sie mir in meinem Stockwerk die Tür öffnete, legte sie mir die Hand auf den Arm und sagte: ‚Bitte halten Sie mich nicht für aufdringlich, aber ich möchte Ihnen gern sagen, daß Sie der freundlichste Mann im Hause sind. Seit vier Jahren beobachte ich, wie Sie vor den Damen den Hut abnehmen und ihnen zulächeln. Bei Ihnen wirkt das anders als bei den anderen Männern, und es scheint, als käme es mehr vom Herzen. Ich wollte Ihnen nur einmal danken, weil Sie so sind.'"
Dann erzählte er, daß sie sich im Laufe der nächsten Zeit manchmal trafen, und daß er allmählich begriff, was sie meinte. Sie war schon zweimal verheiratet gewesen und sagte ihm: „Beide Männer behandelten mich wie einen Gegenstand!" Und dieser Satz, so meinte er, hatte schließlich das Feuer entzündet, denn ganz genauso fühlte er sich ebenfalls. Ich wußte, daß er stets ein treuer Gatte gewesen war. Und ich wußte auch, daß er ein guter Vater gewesen

war. Daß er es nie an Fürsorge fehlen ließ, konnte die ganze Stadt sehen.

Aber eines fehlte, und er beschrieb es so: „Meine Frau liebte mich nicht um meiner selbst willen. Sie liebte mich um ihretwillen. Sie ‚gebrauchte' mich, und so machten es meine Töchter ihr nach. Erst als ich einem anderen Herzen begegnete, das ebenso leer war wie meines, begriff ich, was es bedeutet, um seiner selbst willen geliebt zu werden."

Das sagte mir der Mann, der seine gesellschaftliche Stellung, sein Geschäft, seine führende Position in der Gemeinde und seine gesicherte Zukunft aufgab. Dem allem kehrte er den Rücken wegen einer Fahrstuhlführerin, die zu seinem wahren Kern vorgedrungen war und ihn mit ihm teilen wollte.

Mit der verlassenen Frau habe ich nicht darüber sprechen können. Auch wir waren befreundet gewesen, doch sie weigerte sich, auch nur ein Wort über den Fall zu reden. Und der Mann sagte nur die wenigen Sätze, die ich Dir jetzt geschrieben habe.

Ich habe jedoch im Laufe der Jahre nach diesem ersten schockierenden Erlebnis noch einiges erfahren. Ich habe gesehen, daß derselbe Vorgang sich oft wiederholt, und erkannt, daß gewisse Dinge nicht dazu beitragen können, daß Dein Mann Dir sein wahres Selbst eröffnet. In unserem vierten Brief sprachen wir von der zur Entfaltung nötigen Freiheit. Wir haben über die Ehrlichkeit und über die Entschuldigung nachgedacht, die beide gegen ein Sich-Selbst-Verschließen helfen. Auf andere Hilfe werden wir später noch eingehen. Aber gleich jetzt möchte ich vorschlagen, daß Du drei Worte in Deiner Ehe ausstreichst, wenn sie Bestand haben soll.

1. „Lächerlich!"
Selbstverständlich wird er manchmal verwegene Ideen haben. Die hat jeder Denkende. Wenn er Dir davon erzählt, so höre ihm aufmerksam zu. Es kann etwas sein, das ihn plötzlich im Büro wie ein Blitz überfallen hat. Vielleicht hat er sich gefragt: „Habe ich nun eine glänzende Entdeckung gemacht, oder hat die Sache einen Haken, den ich noch nicht sehe?" Er möchte gern sicher sein, bevor er die Idee mit seinen Vorgesetzten bespricht. Er weiß auch, daß ein Mann den anderen oft nach seiner Fähigkeit beurteilt, eine Sache von allen Seiten zu betrachten, ehe er etwas Halbfertiges beginnt.

Ich wiederhole: Die meisten von uns Ehemännern sind dazu verurteilt, im Büro teilweise hinter einer Fassade zu leben. Wir erkennen Wahrheiten und Falsches. Wir wissen auch, daß wir eine Sache ein dutzendmal betrachten und doch Fehler übersehen können, die offensichtlich werden, sobald wir unsere Gedanken laut aussprechen. Das alles läßt unser Heim anziehend werden, wenn wir wissen, daß wir dort unsere Gedanken aussprechen können, daß wir angehört und nicht verspottet werden.

Laß ihn also reden, auch wenn Du merkst, daß er sich weit von den Tatsachen entfernt. Unterbrich ihn nicht zu früh. Vielleicht wird er den Fehler selbst entdecken. Für einen reifen Mann bedeutet es ein Vergnügen, wenn er sein irrendes Denken wieder einfangen kann. Erkennt er aber einen Gedankenfehler nicht, den Du bemerkt hast, so warte ab. Später ist noch genug Zeit, ihn behutsam wieder zu den Realitäten zurückzuführen.

Du kannst *mit* ihm lachen und ihm sagen, daß er ungemein spaßig ist. Aber lache niemals *über* Dinge, die er Dir mitteilt, solange er nicht zuerst lacht. Jeder Mann wird sich am Ende verschließen, wenn er mehr oder weniger deutlich als lächerlich hingestellt wird.

2. *„Übergenauigkeit!"*
Alle Bedeutungen dieses Wortes erklären zu wollen, würde viel zu lange dauern. Nicht jeder Mann liebt dieselbe Art von Sauberkeit. Nach meiner Erfahrung werden nach Vollkommenheit strebende Frauen aber stets in Schwierigkeiten geraten. Das bezieht sich auf die Pflege des Haushalts wie auf die eigene Pflege. Kein Haushalt wird für einen Mann zu einem Hafen der Geborgenheit, wenn hier nicht irgend etwas zu sagen scheint: „Komm! Hier darfst du ganz ungezwungen sein!" Wenn die ganze Wohnung so vollkommen gepflegt ist, daß sie geradezu steif wirkt, dann hindert das den Mann an seiner Entspannung.
Dasselbe gilt für Dich. Das unberührbare Gesicht chinesischer Lackpuppen ist nur für chinesische Lackpuppen angebracht. Selbstverständlich sind Frauen bewundernswerte Geschöpfe, und sie sollten alles tun, um ihren Reiz zu wahren. Du möchtest gern, daß er stolz auf Deine Kleidung ist und auf die Art, wie Du sie trägst. Sauberkeit der Kleidung und des Menschen ist sehr wichtig, wie jedes Mädchen weiß, das Augen und Ohren hat. Du wirst in der Öffentlichkeit und im Zusammenleben mit ihm stets darauf achten. Aber die wirklich gepflegte Frau trägt außer ihrem neuen Kleid und Parfüm noch etwas anderes, nämlich jene stumme Einladung: Komm, nimm mich in deine Arme!
Das ist eine Kunst, die man erlernen kann. Jede Frau muß sie anders handhaben, weil jeder Mann seine eigenen besonderen Vorlieben und Abneigungen hat. Aber eine

kluge Frau sollte wissen, daß jeder Mann an Leib und Seele mit einem unbewußten Radarsucher ausgestattet ist, der nach einem Platz sucht, an dem er sich geborgen fühlt.

*3. „Streberei!"*
Die meisten Männer errichten in sich auch automatisch Barrieren gegen eine Frau, die ihnen unentwegt vorhält, wieviel besser seine Freunde im Wirtschaftsleben vorankommen. Joe ist also Vizepräsident geworden! Vielleicht möchte Vincent das nicht auf die Art erreichen, wie Joe es geschafft hat. Vielleicht will er es überhaupt nicht — Punktum. Lobe ihn für seine Leistungen, aber breite nicht dauernd die Erfolge anderer vor ihm aus.

Für jeden Mann ist es im Innersten zermürbend, wenn er fühlt, daß er sich fortwährend nicht an seinen eigenen Leistungen, sondern an denen anderer messen lassen soll. Übertriebene Streberei der Frau lockert die Ehe mit Sicherheit. Wenige Männer können sich in Gegenwart einer stets treibenden Frau wirklich entspannen.

Das gilt auch dann, wenn Du ihn gesellschaftlich herumreichst, bis er gar nicht mehr er selbst sein kann. Wenn er tagsüber aus lauter Vorsicht wie mit einer Maske leben muß, dann wird er desto mehr Freunde schätzen, die natürlich sind und deshalb auch ihm gestatten, natürlich zu sein.

Abende, Wochenenden und Freizeitstunden bedeuten den meisten Männern sehr viel. Selbstverständlich sind sie auch für Frauen kostbar. Ob eine Hausfrau auch so sehr wie der Brotverdiener der Familie gezwungen ist, eine Rolle zu spielen, mag dahingestellt sein. Unumstritten ist jedoch die Tatsache, daß der Mann, der den größten Teil seiner Arbeitszeit sehr verschlossen verbringen muß, für

eine Frau dankbar ist, die sein Los versteht und ihm deshalb eine Stätte bereitet, an der er ganz er selbst sein darf.
Im Leben stehen wir oft vor der Aufgabe, die feine Grenze zwischen genug und zuviel zu finden. Das gilt auch für die drei erwähnten Punkte.

Du mußt eine Atmosphäre schaffen, in der er die ganze Wahrheit sagen darf; doch das gelingt erst, wenn Du bewiesen hast, daß Du eine Zuhörerin bist, die nichts lächerlich findet.

Du wirst Dich stets bemühen, Dich und Dein Haus ansehnlich zu halten, doch Du wirst es nicht übertreiben.

Du wirst klug genug sein, ihn weitgehend entscheiden zu lassen, wozu Du gehörst, mit wem Du gehst und was er tun will, ohne ihm stets die Leistungen anderer zum Vergleich vorzuhalten.

Dieses Wachsen strahlender Klarheit von Mensch zu Mensch ist auch eines der großartigsten Dinge der Ehe. Leicht ist das sicher nicht zu erreichen. Es kann eine mühselige Arbeit sein, die Schutzschichten zu durchbrechen, in die wir uns selbst eingekrustet haben. Manchmal ist es schmerzhaft. Deshalb wird es zeitweilig inneren Widerstand auf beiden Seiten geben. Laß diese Zeiten nicht zu lange währen. Es ist gut, den Fortschritt immer wieder zu messen und sich zu vergewissern, daß die gegenseitige Öffnung füreinander zu einer stets zunehmenden Offenbarung wird.

Das solltest Du mir glauben, meine liebe Tochter: Ein Mann wird fast alles für eine Frau tun, mit der er lernen kann, sein wahres Selbst zu teilen.

               In der Hoffnung auf gutes Gelingen,
                                         Dein Vater

## Das Baby und der Muskelmann

MEINE LIEBE KAREN,

die Vorstellung von „Papa, dem starken Beschützer" und „Mama, der anhänglichen Schlingpflanze" ist ein melodramatisches Lieblingsthema. Im wirklichen Leben gilt eher der Satz: „Doch die Verhältnisse, die sind nicht so."

Du solltest daran denken, daß irgendwo in Deinem Mann ein kleiner Junge steckt. Möglicherweise kannst Du diesen Teil seines Ichs nicht bis zu seinen Ursprüngen zurückverfolgen. Vielleicht auch doch.
Einmal erhielt ich den aufgeregten Anruf eines verzweifelten Vaters. Mit Nachdruck verkündete er mir, daß ich sofort mit seinem Sohn sprechen müsse. Mit ihm sei es immer schlimmer und schlimmer geworden. Schnellste Hilfe sei unerläßlich. Der Herr Sohn veranstalte „Wirbel zu Hause, Wirbel in der Schule, Wirbel in der ganzen Stadt" (ich zitiere den Vater).

Wir vereinbarten also einen Termin. Der Junge war einer der größten Vierzehnjährigen, der je einem Pfarrer gegenübersaß.
Der Vater machte uns miteinander bekannt. Keine Antwort! Dann bedrängte er seinen Jungen: „Und nun sag dem Herrn Pfarrer, was dich so durcheinanderbringt, mein Junge!" Keine Antwort!
Dieser Monolog setzte sich unaufhörlich mit immer neuen Versuchen fort, und dann ging mir endlich ein Licht auf, das lange genug leuchtete, um mich erkennen zu lassen: Niemals würde ich erfahren, ob dieser Junge taub oder stumm war, wenn wir nicht den Vater loswerden konnten! Deshalb sagte ich mit meiner ernstesten Stimme: „Würden Sie bitte ein paar Minuten in die Bibliothek gehen? Ich möchte allein mit Ihrem Sohn sprechen!"
Endlich waren wir allein.
Mein Bericht wäre genauer, wenn ich eben geschrieben hätte: *Ich* war allein. Obgleich der Riesenknabe nun den Mund aufmachen und erklären konnte, was mit ihm los war, sagte er kein Wort.
Zufällig spielte ich mit dem goldenen Fußball, der an meiner Uhrkette hängt. Das tue ich oft, wenn ich über einen nächsten Schritt nachdenke.
Und plötzlich öffneten sich die Schleusentore. Ich habe durchaus nicht alles verstanden, was er mir damals sagte, aber nach einem gewaltigen Redeschwall dämpfte er sein Kauderwelsch doch ein: „Ich hasse Fußbälle! Niemals werde ich Fußball mögen! Wollen Sie nicht endlich aufhören, mit diesem verdammten Fußball zu spielen?"
Überspringen wir eine lange Reihe von Gesprächen und viele Monate, um das letzte Kapitel dieser Geschichte aufzuschlagen. Du hast es erraten: Der wirklich Schuldige war

der überehrgeizige Herr Papa. Und darum müssen wir hier auch die andere Seite des Problems betrachten. Der Vater bekannte, daß er in seiner Jugend ein begeisterter, aber erfolgloser Fußballspieler gewesen war. Er schämte sich innerlich seines Versagens und spielte sich seine düsteren Gedanken immer wieder wie eine alte Schallplatte vor. „Seit er drei Jahre alt ist, habe ich versucht, einen Sportler aus ihm zu machen. Viele Stars haben so angefangen, müssen Sie wissen. Aber er sitzt nur zu Hause herum und ißt. Niemals tut er etwas Konstruktives. Außerdem braucht er doch körperliche Bewegung! Sie meinen doch auch, daß Sport für Jungen gut ist, nicht wahr? Ich habe mit dem Trainer gesprochen. Der meint, mein Junge könnte ein großartiger Spieler werden, wenn er nur wollte. Sogar ein Stipendium könnte er dafür bekommen. Und bei den Profis verdient man eine Menge Geld, müssen Sie wissen. So etwas muß man doch auch bedenken, nicht wahr?" — Und so weiter bis zur Erschöpfung.
Der Vater hatte genau das richtige Wort gesagt. Der Junge wollte nicht. Er hatte noch nie gewollt.
Doch die Geschichte endet glücklich. Eines wollte der Junge nämlich wirklich, und Du wirst überrascht sein, wenn ich Dir sage, daß er am Freitagabend eine große Rolle spielt. Nicht in der Fußballmannschaft. Er ist einer der Starschauspieler seiner Schule geworden. Schauspiel — ja, das wollte er wirklich!
Und was ist aus dem unvernünftigen Vater geworden? Ich freue mich, daß zwei oder drei Psychiater, zahllose Arztrechnungen und die verstreichende Zeit ihn doch zu einer Erkenntnis geführt haben: Es kann kostspielig werden, wenn man beständig nur drängt und drängt. Der Vater ist nicht völlig geheilt, und der Arzt meint, er wird es viel-

leicht niemals werden. Aber zumindest hat er seine Einstellung zu seinem Sohn geändert, für den das Leben erträglich geworden ist. Heute verkündet Papa an allen Straßenecken, daß die Talentsucher aus Hollywood am Freitagabend allesamt auf den Beinen sein werden. Und warum kommen sie wohl? „Meinen Jungen wollen sie sehen! Schauspieler verdienen viel Geld, müssen Sie wissen." — Und so weiter bis zur Erschöpfung.
Ich habe mich gefreut, Vater und Sohn in den vergangenen Wochen gemeinsam in der Kirche zu sehen. Sein Psychotherapeut muß erstklassig sein. Jahrelang konnte der traurige Mann den Gottesdienst nicht gemeinsam mit seiner Familie besuchen. Er konnte singen und in der Bibel lesen und alles, was man sonst noch will... Aber selbst eine kurze Predigt dauert doch ihre zwanzig Minuten, und... Du verstehst schon.
Der Junior wollte auf seine Weise aufwachsen, und der Vater wollte es ihm verwehren. Der ganze Wirbel wurde nicht von dem vierzehnjährigen Riesen veranstaltet.
Es gibt manchen Weg, einen Menschen aufzuwiegeln, viele Arten, einen Streit zu entfachen und eine sichere Möglichkeit, die Hölle ausbrechen zu lassen. Sie besteht darin, jemand den eigenen Willen aufzwingen zu wollen.
Es wird wohl Zeiten geben, in denen Vincent in seine Kindheit zurückkehren und sie noch einmal erleben will. Er wird wie ein kleiner Junge spielen wollen.
Das geschieht meist unbewußt. Vermutlich ist ihm nicht klar, daß ein Teil seines Wesens zu früh aus der Kindheit verdrängt wurde. (Ich lese gerade etwas von einem berühmten Psychologen, der meint, jeder Mensch bemühe sich manchmal, in die Wärme und Geborgenheit des Mutterleibes zurückzukehren.)

Manches von dem, was ich da lese, ist mir zu hoch, doch der Teil, den ich verstehe, klingt vernünftig. Und dieser Gedanke ist, so meine ich, auch für Dich wichtig. Du mußt Deinem Mann hin und wieder gestatten, den Kopf in Deinen Schoß zu legen und sich bemuttern zu lassen.
Und nun müssen wir noch über den Muskelmann sprechen. Ich hatte nie genug Zeit, um mit dem Arzt zu reden, der den Vater des Jungen behandelt, um herauszufinden, ob seine Frau das Wesen des Mannes und seine Behandlung versteht.
Freilich wäre es ungerecht, sie tadeln zu wollen. Vielleicht hat sie ihr Bestes getan und doch nichts erreicht. Dir aber wird es gelingen, wenn Du Dir bewußt wirst, daß Dein kleiner Junge manchmal den starken, tapferen Mann spielen will. In solchen Augenblicken möchte er mit viel „Ohs" und „Ahs" bewundert werden. Er möchte gern, daß Du über seine Kräfte staunst.
Sobald Du spürst, daß es wieder einmal so weit ist, hole schnell eine Seifenkiste und stelle sie ihm unter die Füße und bewundere ihn mit funkelnden Augen. Behandele ihn nach dem Motto: „Was täte ich nur, wenn du nicht mein starker Beschützer wärst!" Danke Gott jedesmal, wenn das geschieht, und ermutige Deinen Mann, innerlich den Tarzanschrei zu proben.
Zu Beginn sagten wir, daß solcherlei Dinge einen ausgezeichneten Stoff für ein Melodrama abgeben. Aber ein klein wenig davon gehört auch in das lebenswahre Drama einer Liebe zwischen einer klugen Frau und einem tüchtigen Mann.
Tschechow sagte warnend, seine Stücke blieben für das Publikum enttäuschend, solange es seine Absichten nicht völlig begriffe. Seine Verantwortung als dramatischer

Autor bestünde nur darin, ein Problem darzustellen; die Zuschauer hingegen hätten die Aufgabe, ihre eigenen Lösungen zu finden.

Vielleicht ist es schade, daß wir bei diesen Briefen auf einige Gebiete gelangen, auf denen ich wie Tschechow um Nachsicht bitten muß. Jetzt sind wir an einem dieser Punkte angelangt. Ich kann Dir dies nur von Männern sagen. Ich kann Dir sagen, daß Du diese Geheimnisse ergründen mußt. Mehr weiß ich Dir nicht zu sagen, da ich keine Frau bin.

Wir sind also in eine Sackgasse geraten und wollen den Brief mit einer Lobpreisung beenden. Nennen wir sie die Lobpreisung des glücklichen Mannes. *„Glücklich zu preisen ist der Mann, den seine Frau seiner Männlichkeit wegen bewundert und die ihn trotzdem hin und wieder tröstend in die Arme nimmt wie eine Mutter ihr Kind."*

Mit den besten Wünschen für manches „Oh" und
   „Ah" und ein wenig mütterlichen Instinkt,

Dein Vater

*Sexualität als Sakrament*

Meine liebe Karen,

am ersten Abend, an dem Dein Mann „Herr und Frau ..."
ins Gästebuch des Hotels einschreibt, tretet Ihr auch in
eine körperliche Beziehung, von der wir hoffen, daß sie in
mehr als einer Hinsicht „himmlisch" sein wird.
Sexualität ist ein Sakrament. Was in jener Nacht und in
den kommenden Jahren körperlich zwischen Euch vorgehen wird, ist eine der köstlichen Gaben Gottes.
Du wirst hoffentlich begreifen, daß dieser Teil des Lebens
kein Duett ist. Es ist eine Dreieinigkeit. Ihr erlangt eine
wirkliche Verbindung zu einem weisen Schöpfer, der
Eure Leiber zu diesem Zweck unterschiedlich erschaffen
hat.
Beginnt Euer sexuelles Leben also im Wissen, daß Ihr Gottes Liebe teilt. Das ist schön, gut und heilig.
Versteht Ihr es voll auszuschöpfen, so bringt es himm-
lisches Entzücken, das Ihr nicht darin vermutetet.

Wahrscheinlich bedarf es einiger Mühe von beiden Seiten, um zu einem solchen Anfang zu kommen. Zunächst einmal hat Euch die Umwelt keineswegs geholfen. Billigen Sex habt Ihr im Film gesehen oder davon in Büchern gelesen, und in vulgärer Form wird er Euch in Schundheften vorgesetzt. Ihr habt ihn in brutalen Schlagzeilen der Presse kennengelernt. Er ist Euch in der Werbung für Desodorisierungsmittel und Tanzlokale, Makkaroni und Wimperntusche, Getränke und Rasierwässer, Autoreifen, Lastwagen, Zigarren, Zigaretten und Zigarillos vorgegaukelt worden.

Und nun sollt Ihr das alles plötzlich aus Eurem Unterbewußtsein lösen und auf die hohe Ebene heben, auf die es gehört? Das wird — es ist immer derselbe Text zum alten Lied — Zeit und Mühe verlangen.

Das wird nicht auf einmal zu erreichen sein; und gerade hier begehen manche Paare ihren ersten schweren Fehler. Sie haben angenommen, daß sie mit der Ehe automatisch ins Gefilde der Seligen einrücken werden. Aber das ist nun einmal nicht der Fall, und darauf solltest Du bestens vorbereitet sein, wenn Du verstehst, daß der Aufbau eines rechten Sexuallebens zu den Aufgaben gehört, deren Erfüllung Ihr gemeinsam anstreben sollt. Das geht manchmal langsamer, als Ihr es Euch wünschen werdet, manchmal werdet Ihr in Eurem Suchen still verharren müssen, ein andermal dürft Ihr weiter voranschreiten. Aber wie schnell oder langsam es auch gelingen mag — es braucht jedenfalls Zeit.

Ein anderer Grund, der es Euch vielleicht erschwert, sofort nach den Sternen zu greifen, mag in dem wie auch immer belasteten Gewissen liegen, das Ihr in Eure Gemeinschaft mitbringt. Es kann sich um ein längst vergangenes Straucheln handeln, das Ihr begraben und vergessen glaubtet. Solche Geister haben eine unangenehme Art, im ungünstigsten Augenblick den Grabstein umzustoßen und höhnisch lächelnd zu fragen: „Erinnerst du dich noch an mich?"

Es mag auch sein, daß durch Eure bisherigen Gewohnheiten ein Angstgefühl hervorgerufen wurde, das auch dort fortbesteht, wo es gar nicht mehr nötig ist. In Eurer Verlobungszeit habt Ihr Euch vielleicht daran gewöhnt, ein wenig zu streiten, um sexuelle Spannungen zu mildern. Ich kenne Ehepaare, die dabei geblieben sind, obwohl sie ein solches Sicherheitsventil jetzt nicht mehr benötigen. Das alles solltest Du bedenken und Dir darüber klar sein, daß Eure Hochzeitsanzeige einige Zeit braucht, um auch von Eurem inneren Gerichtshof anerkannt zu werden. Dabei könnt Ihr einander helfen. In Zärtlichkeit und Verständnis, mit Geduld und Sanftmut sollt Ihr Euch auf die zukünftigen Schönheiten vorbereiten.

Auch aus noch anderen Gründen kann das Sexuelle unter Umständen nicht von Anfang an so erregend sein, wie Ihr glaubt. Manchmal sind es unglückliche Kindheitserinnerungen, die überwunden werden müssen. Vielleicht wurden in frühester Jugend gewisse falsche Eindrücke aufgenommen und niemals geklärt. Die meisten Eurer neurotischen Bedrückungen werden jedoch allmählich vergehen, wenn Ihr erstens ehrlich zueinander seid und zweitens Euch aus reinem Herzen liebt.

Du weißt ja, daß es auch für Menschen, die trotz aller Mühe in eine Sackgasse geraten sind, bei Fachleuten noch eine Hilfe gibt. Aber darüber solltest Du Dir jetzt den hübschen Kopf nicht zerbrechen. Ich schätze Vincent aus vielerlei Gründen, und einer davon ist sein angeborenes

Zartgefühl im rechten Augenblick. Und auf dieses Zartgefühl kommt es gerade auf dem sexuellen Gebiet sehr an. Also sei für diese Gabe dankbar und gib Dich ihr freudig hin.

Kehren wir zum Anfang zurück. Die Sexualität ist ein Sakrament. Sie ist tiefste Verbindung. Für Euch ist sie zunächst einmal Verbindung zwischen Vincent und Dir. Sie ist aber auch Verbindung mit dem Leben in seiner lebendigsten Form. Vor allem jedoch ist sie Verbindung mit Gott, der den menschlichen Leib auch aus anderen Absichten als nur zur Erhaltung der menschlichen Art geschaffen hat.

In der Sexualität schwingt der tiefe Rhythmus des Universums mit. Sie steht im Einklang mit der gleichen Kraft, die unsere Erde auf ihrer Bahn bewegt, Saft in die Baumwipfel steigen läßt, nachts die Sterne erstrahlen läßt, Wasser den Fluß hinuntertreibt, eines Tages zwei Herzen stocken läßt und den Sinn des Lebens in den Augen eines anderen Menschen zu erkennen gibt. Auf diesem Gebiet der Ehe fügt Ihr Euch in einen Schöpfungsprozeß ein, der viel größer ist, als Menschen ihn je hätten erdenken können.

Im ersten Kapitel der Bibel finden wir die wunderbare Geschichte unserer Schöpfung. Sie wurde offenbar von einem alten Weisen geschrieben, der uns die frohe Botschaft sagen wollte, daß wir nicht durch bloßen Zufall entstanden sind.

Ehe das erste Kapitel endet, berichtet es, daß Gott das Wunder aller Wunder in seine vollkommene, wunderbare Schöpfung mit einbezog „und schuf sie als Mann und Weib". Wenn Du dieses Kapitel noch einmal liest, werden Dir die erhabenen Worte des Schlußverses nicht entgehen:

„Und Gott sah an alles, was er gemacht hatte, und siehe, es war sehr gut."
Deine Mutter und ich können aus eigener Erfahrung die Wahrheit dieser allumfassenden Feststellung bezeugen. Ich habe mit vielen anderen Ehepaaren darüber gesprochen, die herzlich in das Lob Gottes einstimmten, der mit Freuden seine gesamte Schöpfung betrachtete.

Und zum Schönsten seiner Schöpfung gehört die
rechte Sexualität.
Dein Vater

*Unterschiede zwischen Mann und Frau*

Meine liebe Karen,

man sagt, daß nicht zwei Menschen in der Welt sich völlig gleichen. Die meisten von uns haben zwei Augen, eine Nase, eine bestimmte Anzahl von Zähnen, fünf Finger an jeder Hand und auch sonst noch manches gemeinsame. Und doch stimmt die landläufige Behauptung, wenn man bedenkt, was der einzelne alles zustande bringt.
Das wird Dir schneller klar, wenn Du daran denkst, daß keine zwei Menschen genau auf die gleiche Weise erzogen worden sind. Die Umwelt ist stets so unterschiedlich, daß selbst in den Ehen, die glänzend abgestimmt zu sein scheinen, Differenzen unvermeidlich sind.
Ebenso haben Erbfaktoren den Mann in die eine Richtung, die Frau nach einer ganz anderen Art geformt.
Und schließlich gibt es einzelne Unterschiede zwischen Mann und Frau ganz einfach deswegen, weil sie vom Schöpfer geplant wurden.

Ein Mann ist im allgemeinen objektiv und neigt zu abstraktem Denken. Frauen neigen mehr zum Subjektiven und Konkreten. Durch den Beruf und das schöpferische Element liegen die Interessen des Mannes vor allem außerhalb des eigenen Hauses, während die wichtigsten Arbeiten der Frau sich mehr auf die Familie konzentrieren.
Deshalb fällt es auch den meisten Männern leichter, sich auf die Umwelt in einer unpersönlichen Weise einzustellen. Viele von uns haben aus Erfahrung lernen müssen, daß Frauen häufig manches sehr viel persönlicher nehmen als Männer.
Man hat vergessen, uns das in der Schule zu sagen, und das war ein Fehler. Diejenigen von uns, die mit beiden Geschlechtern eng zusammenarbeiten, werden bald erfahren haben, daß man zu den meisten Männern offen sprechen kann und ebenso offene Antworten erhält, und dann geht man gemeinsam eine Tasse Kaffee trinken, als wäre man gut befreundet. Bei der Zusammenarbeit mit Frauen muß man jedoch ganz anders vorgehen. Mancher Neuling hat schon wichtige Rädchen im Getriebe verbogen, ehe er sich an die Unterschiede erinnert hat.
In einer glücklichen Ehe wird unter anderem verlangt, daß man sich diese erforderlichen Unterschiede zubilligt. Man kann sogar lernen, solche Dinge zu schätzen, weil sich in einer Ehe die hervorstechenden Eigenschaften gegenseitig ergänzen.
Das wird Dir auch dann manche Träne ersparen, wenn er nicht gleich Deine Begeisterung für die neuen Gardinen teilt oder nicht so überglücklich ist wie Du, wenn Euer Baby sein erstes Zähnchen bekommt. Auch wenn er mit irgendeiner Sorge aus dem Büro heimkommt, solltest Du Dich an die angeborenen Unterschiede erinnern und es

nicht tragisch nehmen, wenn er völlig abwesend in seinem Sessel sitzt. Vielleicht nimmst Du manches persönlich, was überhaupt nichts mit Dir zu tun hat. Was Du als Nachlässigkeit betrachtest, ist vielleicht nur ein Ausdruck der Tatsache, daß er ein Mann ist, Du aber eine Frau bist.
Und jetzt wollen wir das alles mit Eurem Geschlechtsleben in Verbindung bringen.
Für viele Ehepaare beginnt das Geschlechtsleben mit einer allgemeinen Enttäuschung, dann führt es wiederholt zu einer inneren Zerrissenheit, und schließlich wird es vollends fade. So wurde manche Ehe verpfuscht, weil die beiden Partner einfach nicht an die Tatsache gedacht haben, daß es natürliche biologische Unterschiede zwischen ihnen gibt.
Worin bestehen diese Unterschiede? Einige der wichtigsten wollen wir näher betrachten.

1. *Das Sexuelle hat für die Frau wahrscheinlich eine tiefere Bedeutung als für ihren Mann.*
Das wird Dich vielleicht zunächst überraschen. In meinen Gesprächen hat schon manche Frau gesagt: „Anscheinend denkt mein Mann überhaupt nur an Sex. Jede meiner Bewegungen legt er als sexuelle Bewegung aus. Stellen sich eigentlich alle Männer das ganze Leben immer nur in Sexualsymbolen vor?"
Solche Bemerkungen führen zu einer wichtigen Tatsache. Die scheinbare sexuelle Besessenheit des Mannes beweist nicht, daß ihm das Sexuelle mehr bedeutet als der Frau. Ganz im Gegenteil. Der männliche Sexualtrieb ist mehr äußerlich, mehr physisch bedingt, während es sich bei dem weiblichen um eine tiefergehende Angelegenheit des Geistes und der Seele handelt. Die Gefühle des Mannes sind

leichter zu erregen, die der Frau quellen weither aus dem Inneren.

Eine hübsche kleine Frau sagte mir etwas, das ich Dir erzählen möchte. Auch sie war vor dem scheinbar unstillbaren sexuellen Verlangen ihres Mannes erschrocken, der sich in seinen Annäherungsversuchen außerdem noch ausgesprochen ungeschickt benahm.
Wir sprachen also über die Unterschiede zwischen den Geschlechtern, und dann sagte sie nachdenklich: „Ich habe mir immer vorgestellt, Liebe müsse beim Frühstück beginnen. Ein paar zärtliche Worte zum Tagesanfang würden soviel bedeuten! Dann vielleicht irgendwann im Laufe des Tages ein Anruf, ein paar Zärtlichkeiten, wenn er heimkommt, vielleicht auch Hilfe beim Geschirrspülen nach dem Abendessen. Man könnte über alles sprechen, wenn die Kinder schlafen. Man könnte Gedanken austauschen und einander erzählen, was man am Tage erlebt hat. Eine Liebkosung oder ein Kuß zur rechten Zeit wären gut. Aber da habe ich mir wohl falsche Vorstellungen gemacht. Ich glaubte, vielleicht könnte die Liebe beim Frühstück beginnen, sich im Laufe des Tages steigern und abends im Bett ihren Höhepunkt finden."
Tatsächlich hat sie mit ihrer Auffassung völlig recht. Sie hätte es gar nicht besser sagen können. Und so wünschen es sich wohl auch die meisten Frauen. Ein kluger Mann wird sich bemühen, diese Fähigkeit zu erlangen und danach streben, die Herzenssaiten seiner Frau meisterhaft erklingen zu lassen.
Ich wünsche Dir einen solchen Virtuosen. Aber solche Männer sind selten und — das ist wieder ein Gedanke, den Du beherzigen mußt — sie beherrschen ihr Spiel nicht von

Anfang an vollkommen. Und damit kommen wir zum zweiten biologischen Unterschied, den Du erkennen mußt.

2. *Die meisten Männer verlangen häufiger nach geschlechtlichem Verkehr als Frauen.*
Man kann keine für jede Ehe gültigen Regeln aufstellen. Wie oft man nach einer Vereinigung verlangt, das muß jedes Ehepaar für sich selbst entscheiden. Manche Paare sind vielleicht mit einem Mal in der Woche glücklich und zufrieden. Andere werden das für ihr lebhafteres geschlechtliches Verlangen als eine zu spärliche Kost empfinden. Es gibt Ehen, in denen das Sexuelle ein schöner Teil des täglichen Erlebens ist. Da jeder Mensch sich vom anderen unterscheidet, werden auch die Verbindungen zweier Menschen stets unterschiedlich sein. Wahrscheinlich ändern sich sogar die am besten zusammenpassenden Paare von Zeit zu Zeit, vielleicht mit jeder Jahreszeit. Es wäre deshalb purer Unsinn, dieselben Regeln auf alle Ehen anwenden zu wollen.

Denke immer daran, daß auf nahezu allen erdenklichen Gebieten die Qualität wichtiger ist als die Quantität. Aber nach meinen Erfahrungen als Eheberater scheint es den Männern offenbar mehr auf das Wie oft, Frauen hingegen mehr auf das Wie anzukommen.

Wichtiger als die Häufigkeit ist jedoch stets die Freude, mit der man zueinander kommt. Lerne entspannt zu sein. Die meisten Frauen, die über eine Erschöpfung klagen, bilden sich ihre Schwäche nur ein. Selbstverständlich gibt es auch von dieser Regel Ausnahmen, und manchmal sollten physische Probleme untersucht werden. Aber man kann auch hiergegen einwenden, daß viele Männer sich selbst gern als Sexualathleten betrachten. Und manche

Frauen klagen darüber, daß ihre Männer sich niemals interessiert zeigen. So sollte es nicht sein, und dann sollten Fachleute befragt werden, wenn ein wirkliches Problem daraus wird.

Es kann auch Tage geben, an denen selbst der lebenskräftigste Mann so sehr von seinen tatsächlichen oder eingebildeten Schwierigkeiten erschöpft ist, daß ihm jeder sexuelle Wunsch fehlt. Nimm es nicht persönlich und werde nicht hysterisch, wenn dies dann und wann vorkommt. Du wirst lernen, in ihm zu lesen, und verständig genug sein, um manchmal um seinetwillen abzulehnen. Vielleicht ist er wirklich erschöpft, und dann solltest Du Deinen eigenen Wunsch bezähmen. In der Ehe ist es immer gut, seinen Gefühlsregungen nur dann nachzugeben, wenn der Partner ganz und gar darauf eingestellt ist.

Eines ist sicher: Hier gibt es keine Ausnahme. Du bist eine kluge Frau, wenn Du die körperliche Liebe als eine Deiner Möglichkeiten betrachtest, Deinen Mann glücklich zu machen. Eine zärtliche Frau erzieht sich dazu, selbst ein großes Maß von Zufriedenheit zu finden, wenn sie ihren Mann beglückt.

Nach meiner Erfahrung ist es nicht wahr, daß beide Teile stets zum selben Höhepunkt gelangen müssen. Manche Autoren behaupten, ein Mann müsse seine Frau bei jedem Geschlechtsverkehr zum Höhepunkt führen. An dieser Behauptung ist meiner Meinung nach nur eines nicht in Ordnung: Sie ist grundwegs falsch!

Manche Frauen haben mir gesagt, daß sie ihren Mann lieben, um sein Verlangen zu erfüllen, auch wenn sie selbst sich durchaus nicht nach körperlicher Vereinigung sehnen. Ich glaube, manche Ehe sähe besser aus, wenn die Partner das alles besser verstehen und hinnehmen würden. Manchen Männern hat man eingeredet, sie wären Versager, wenn es ihnen nicht gelänge, ihre Frau jedesmal dann in Ekstase zu versetzen, wenn sie sie selbst erreichen. Das aber ist nichts anderes als männliche Selbstsucht. Es ist ein Fehler, wenn er sich nur seine eigenen erotischen Bedürfnisse zum Ziel setzt. Wie oft der Mann seine Frau zur Erfüllung führt, darüber sollte sie entscheiden, nicht er. Ein junger Ehemann muß schon sehr weise sein, um zu begreifen, daß seine Frau nicht als das leidenschaftliche Wesen behandelt sein will, von dem er als Halbwüchsiger geträumt, in billigen Aufklärungsbüchern gelesen oder in heiser geflüsterten Worten in der Umkleidekabine gehört hat.

Sie muß als die Frau behandelt werden, die sie wirklich ist. Du kannst Deinem Mann zu diesem Verständnis verhelfen, wenn Du ihn überzeugst, daß es Dich oft völlig befriedigt, wenn er befriedigt ist. In anderen Worten: Du kannst durch sein Anschmiegen seelisch beglückt werden, auch wenn Dein Körper nicht so erregt ist wie der seine. Aber das muß nicht immer so bleiben. Manchmal ist der Mann glücklicher, wenn die Überschwenglichkeit seiner Frau seiner eigenen entspricht. Wie gesagt ist für gewöhnlich der Mann der Entzünder der Leidenschaft. Bisweilen sollte es jedoch auch die Frau sein, und an wieder anderen Tagen wird der Funke von beiden zugleich ausgehen.

Dieses Gebiet verlangt sehr viel Zartgefühl, und Du mußt es lieben, daran arbeiten und Dich mühen, es so zu gestalten, damit Ihr beide darin die Natürlichkeit und Schönheit seht.

Vorhin erwähnte ich etwas, das ebenfalls einer Betrachtung wert ist. Es wird klug sein, wenn Ihr gemeinsam besprecht, was Ihr als Jugendliche über Sexualität erfahren habt. Unglücklicherweise gibt es heute viele Eltern, die ihre Kinder mit diesem Teil des Lebens nicht auf vernünftige Weise vertraut machen. Manche Jungen haben alles, was sie über Sexualität wissen, aus den trüben Quellen fremder Phantasien geschöpft. Manche Mädchen wachsen in dieser Hinsicht geradezu in einem völlig leeren Raum auf. Andere wieder gewinnen ihre Vorstellungen durch Anpassung an eine Mutter, denen die Sexualität ein unausweichliches Märtyrerschicksal für die Frau bedeutet. Es wird Euch beiden helfen, wenn Ihr mehr über Eure eigene Entwicklung auf diesem Gebiet wißt. Furchtsame kleine Mädchen und sexbesessene Jungen sind nicht von Anfang an so. Wir alle sind zum Teil auch das, was wir im Laufe der Zeit erfahren haben, und das ist ein weiterer Grund, warum Behutsamkeit in der ersten Zeit ehelicher Liebe unerläßlich ist. Es ist auch ein deutlicher Beweis dafür, daß „Sexualität als Sakrament" zu einem festen Grundbegriff wird. Eines sollte man sich auf alle Fälle über vernünftige Frauen, deren Männer unersättlich zu sein scheinen, merken: Die kluge Frau hält ihren Mann nicht zu kurz. Sie bestimmt weder Zeit, noch Ort, noch Häufigkeit, noch äußere Umstände, noch Art und Weise. In meinem nächsten Brief werde ich Dir darüber mehr erzählen, aber hier wollen wir schnell noch einen Blick auf etwas anderes werfen.

Ich habe Dutzende von Männern kennengelernt, die ihre sexuelle Befriedigung außerhalb der Ehe suchten, und die meisten von ihnen hatten Ehefrauen, die darauf bestanden, stets die Bedingungen festzulegen.

Es gibt eine weitere Todsünde gegen sexuelles Glück, vor der Du Dich hüten mußt. Die Frau darf die körperliche Liebe niemals als eine Art Prämie ansehen, die ihr Mann sich verdient hat, wenn er einmal ein besonders netter

Junge war. Bietet sie ihm Befriedigung nur als Lohn, so wirbt sie damit wirkungsvoll für Frauen, die Liebe als gleichgültiges Geschäft betrachten.

Tatsächlich ist weder die gekaufte Liebe noch die nebenbei genossene Sexualität jemals wirklich befriedigend. Sie können es nicht sein. Wenn die Geschlechtlichkeit heilig ist und liebender Fürsorge bedarf, um vollkommen zu werden, dann ist leicht einzusehen, daß den meisten Männern an einem Ersatz gar nichts gelegen ist. Viele Männer lassen sich auch mit einer „Zweiten" ein. Oft genug ist es gerade die Frau, die sie gern ganz und gar lieben möchten, die sie zu diesem Ausbruch getrieben hat.

Das alles ist ein weites, großes Gebiet, nicht wahr? Hoffentlich ermüdet Dich nicht allmählich das Grundthema, daß eine Ehe in ihrer besten Form zu einer Lebensaufgabe für zwei Menschen werden soll.

Vollendete Partnerschaft bedeutet eine künstlerische Leistung, die uns nicht unversehens in den Schoß fällt. Die Sexualität mag zu den Naturinstinkten zählen, aber sie ist nicht im selben Sinne „natürlich" wie die beiläufige, weitgehend egozentrische und manchmal gewalttätige Paarungsweise niederer Tiere.

In einer Hinsicht allerdings gleichen die Männer den Tieren — sie bemerken sehr viel schneller und aufmerksamer das andere Geschlecht. Die meisten jungen Männer kommen mit einer Menge von Enttäuschungen in die Ehe, die sich im Laufe ihrer Entwicklungsjahre angehäuft haben. Das ist einer der Gründe, warum es wichtig ist, daß Ihr nicht allzu früh ein Baby bekommt. Wenn genügend Zeit vergeht, bevor dieser kostbare Dritte auf der Szene erscheint, wird Vincent auf die Dauer ein besserer Ehemann sein. Ihr müßt Euch nicht nur beide aufeinander einstellen, ehe Ihr Euch gemeinsam auf einen Dritten einstellen könnt, sondern es ist auch gut für Euch, wenn Ihr zunächst einmal völlig frei werden könnt von allem, was Ihr verdrängen mußtet, ehe es legal wurde.

Wenn ein Baby schnell kommt, dann werdet Ihr das kleine Wesen selbstverständlich lieben und das Beste aus den gegebenen Umständen machen. Das Kind wird jedoch eine bessere Mutter und einen besseren Vater haben, wenn sie sich genug Zeit lassen, einander kennenzulernen und sich ihre Liebe anfangs ohne Konkurrenz durch einen Dritten zu schenken.

Du hast Kinder immer geliebt, und Du wirst wohl nach dem Vorbild Deiner eigenen Mutter selbst eine wunderbare Mutter werden. Aber — glaube mir — Dein Mann braucht Sexualität, und zwar sehr viel, auch wenn Dir ein solcher Gedanke überhaupt nicht kommen sollte. Wenn Du kannst, so überzeuge ihn, daß Du ihn so sehr liebst, daß es Dir Freude bereitet, ihn an Deinen Reizen teilhaben zu lassen, nur weil er nach mehr verlangt.

Und hier ist noch eine Lobpreisung für Dich. Nennen wir sie die Lobpreisung für eine stets leidenschaftliche Ehe.

*„Glücklich zu preisen ist die Frau, die die Kraft ihres Mannes mit wahrem Edelmut verherrlichen kann und oft nicht so sehr geliebt werden, sondern lieben will."*

In Liebe.
Dein Vater

*Heilige und Sünderin*

MEINE LIEBE KAREN,

in unserer frühen Ehe machte ein Geistlicher, der mit Deiner Mutter befreundet war, sie mit seiner Ansicht von einer idealen Ehefrau bekannt. Auf den ersten Blick mag sie ein wenig gewagt erscheinen. Denkt man aber eine Zeitlang darüber nach, so erkennt man, daß sie eher vernünftig als gewagt ist. „Die vollkommene Gattin", so sagte er, „ist ein Engel im Haus und ein Teufel im Bett".
Die meisten Männer erhoffen sich eine Frau, die eine Mischung zwischen Heiliger und Sünderin ist, doch es gibt wohl nur wenige Frauen, die dieser Vorstellung genügen können. In meinen Sprechstunden erfahre ich oft das Gegenteil. Manche Frauen sagen stolz: „Ich habe ihn niemals abgewiesen!" Sie erinnern mich immer an hoffnungsvolle Helden, die auf das Verwundetenabzeichen warten. Das ist vielleicht das Schlechteste, was man über seine Ehe sagen kann. Jeder Mann wird es müde, stets den ersten

Schritt tun zu müssen. Vielleicht stimmst Du auch in das allgemeine Gerede mit ein: „Aber mein Mann wird niemals müde!" Tatsächlich kann seine fortgesetzte Forderung jedoch auch ein Ausdruck seiner Müdigkeit sein.
So laß uns damit beginnen, und ich will Dir ein paar Tips geben, wie Du ein engelhafter kleiner Teufel werden kannst und Dir Deinen Mann stets so erhältst, wie Du ihn haben möchtest.

*1. Sei manchmal sexuell aggressiv!*
Erinnerst Du Dich noch, wie wir Verstecken gespielt haben? Es hat allen viel Spaß gemacht. Wenn aber das Spiel gelingen sollte, mußtest Du hin und wieder auch die Rolle des Suchenden übernehmen.
Das gilt auch für die Sexualität, und das hat seine tiefen Gründe.
Vergiß nie, daß auch Vincent begehrt sein möchte. Die Tatsache, daß die geschlechtlichen Eigenarten des Mannes äußerlicher sind, schließt nicht aus, daß es ihnen an jeder Tiefe fehlt. Darauf kannst Du Dich verlassen: Dein Mann möchte gern glauben, er sei so großartig, daß Du Dich manchmal nach seiner körperlichen Liebe sehnst.
Für einen Mann ist es von entscheidender Bedeutung zu wissen, daß er in seinem Heim als Mann von unschätzbarem Wert ist. Die Welt mag ihn enttäuschen, aber in seinen eigenen vier Wänden wird er sein Selbstbewußtsein zurückerlangen. Draußen mag er tief verwundet worden sein, aber zu Hause findet er Trost. Dein Mann wird dem harten Kampf in unserer gewinnsüchtigen Welt viel besser gewachsen sein, wenn Du ihm das Gefühl gibst, daß Dein Herz immer auf ihn wartet und daß er für Dich lebenswichtig ist.

Du wirst seine Stimmungen sorgsam beobachten und lernen, seinen Seelenzustand zu deuten. Je enttäuschter er sich in seinen Plänen fühlt, je ungerechter er von seinen Vorgesetzten behandelt worden ist, je stärker er gedemütigt wurde, desto notwendiger ist es, daß Du den richtigen Zeitpunkt erkennst, in dem Du beweisen mußt, daß Du mit Leib und Seele nach seiner Nähe verlangst. Das Geschlechtliche ist ein von Gott gegebenes Mittel, den Partner zu überzeugen, daß er jetzt und hier der wichtigste Mensch der Welt ist.

Wie gut oder wie schlecht es auch in einer Ehe gehen mag, in jedem männlichen oder weiblichen Herzen ist stets ein bestimmtes Maß an Einsamkeit. Ich vermute, daß ein großer Teil der moralischen Laxheit unserer Tage keineswegs Immoralität um ihrer selbst willen ist. Zum Teil ist sie gewiß auch ein Schrei der menschlichen Seele nach Zusammengehörigkeit. Durch die rechte Sexualität treten wir aus unserem Inseldasein, um ein Teil des Festlandes zu werden.

Drüsen brauchen ihre Entspannung, und Sexualität ist eine biologische Reinigung, die für den Mann, der ihrer bedarf, viel bedeutet. Aber sie ist noch viel mehr als das. Sie ist ein Vertrauensbeweis, ein Heilmittel für verletzten Stolz, ein psychologischer Aufschwung, wenn die Seele nach Stärkung verlangt.

Ein Überraschen wird für die meisten Männer zu einem angenehmen Erlebnis. Eine Nacht auf dem Heimweg von irgendwoher, ein Picknicktag in gemeinsamer Einsamkeit, am Strand, im Wald, irgendwo unter der Sonne oder dem Mond und den Sternen, wo Ihr ungestört beisammen sein könnt, das sind Augenblicke, die ein Mann niemals vergißt. Darauf kannst Du Dich verlassen. Er wird Dich aus

tieferer Seele lieben, wenn Du ihn in den unerwartetsten Augenblicken hin und wieder mit dem Verlangen nach seinem Körper überraschst.
Du mußt lernen, sein Verhalten sorgfältig zu deuten, und bisweilen mußt Du die Suchende sein. Da die meisten Männer häufiger als ihre Frauen an sexuelle Dinge denken, wirst Du seine Erwartungen durch angemessene Aggressivität Deinerseits nur steigern können.

*2. Habe keine Angst vor Experimenten und Abwechslung!*
Ich brauche Dir kein Handbuch des sexuellen Verhaltens zu schreiben. Du hast die Eheschule besucht, und für diejenigen, die sie brauchen, gibt es gute Bücher zu diesem Thema.
Ich möchte nur das Wichtigste sagen: Die körperliche Liebe soll Freude bereiten. Sie soll nicht ständig todernst sein.
Wenn Ihr den ganzen Reichtum dieser Freude entdecken wollt, so müßt Ihr Euch so hemmungslos wie möglich einander hingeben. Ihr solltet einander die Freiheit gewähren, auf jede Weise zu lieben, die Euch beiden natürlich erscheint.
Manchen Frauen ist nie gesagt worden, daß auch Ungewöhnliches geschehen kann. Geschieht es einmal, sollte es von beiden Partnern so natürlich wie möglich angesehen werden. Viele Frauen wissen einfach nicht, wie viele beglückende Abwechslungen es gibt.
Merke Dir: *Nichts von dem, was Ihr in Eurer Vereinigung zu tun wünscht, ist schlecht, vorausgesetzt, es ist Euch beiden angenehm und bereitet keinem Schmerz.*
Ich denke an entsetzte Frauen, die zu mir kamen, weil ihre Männer plötzlich so „Abscheuliches" von ihnen verlangten. Atemlos erzählten sie ihre Geschichte, und das Wort

„pervers" kam oft darin vor. Vielleicht hast Du irgendwann als junges Mädchen Vorstellungen von Perversitäten aufgeschnappt, die sich in Dir festgesetzt haben. Für gewöhnlich bezieht sich dieser Ausdruck auf Beziehungen zwischen Menschen des gleichen Geschlechts. Wird er auf eheliche Beziehungen angewandt, so bedeutet es, daß ein Partner den anderen in einer Weise zwingt, die ihm oder ihr seelisch Gewalt antut.

Du mußt Dir klarmachen, daß zwischen Dir und Vincent nichts pervers, häßlich oder unsauber ist, wenn es sich um eine neue Art der Intimität handelt, die aus Eurem beiderseitigen Wunsch nach größerem gegenseitigen Verlangen entstanden ist.

Manche Paare werden klug genug sein zu erkennen, daß gewisse ungewöhnliche Entwicklungen aus neurotischem Verlangen entstanden sind, das noch nicht befriedigt worden ist. Wir haben schon darüber gesprochen, daß viele Männer aus ihrer Kindheit noch den Wunsch in sich verspüren, völlig mit ihrer Mutter verbunden zu sein.

Nach meiner Erfahrung können Männer, die eine „schwache" Mutter-Sohn-Beziehung hatten, an experimenteller Sexualität besonders interessiert sein. Wenn die Mutter den Sohn beständig beherrschen wollte, wenn er noch unnatürlich stark an ihr hängt, oder wenn er sich von seiner Mutter vernachlässigt glaubte oder sich bei ihr niemals ganz geborgen fühlte, können sich alle möglichen seltsamen Ideen in ihm entwickelt haben, die zum Durchbruch gelangen müssen. (Noch einmal muß ich betonen, daß es auch bei diesen tiefen inneren Verflechtungen von jeder Regel Ausnahmen gibt.) Du kannst Deinem Mann am besten helfen, sich selbst zu verstehen, wenn Ihr gemeinsam darüber sprecht, wenn Ihr behutsam im Innern

forscht, und wenn Euer Geschlechtsleben in jeder Weise Euch beiden angenehm ist.
Vergiß nicht die Regel: Was auch immer das Vergnügen an der geschlechtlichen Vereinigung erhöht ist gut, wenn es von beiden Seiten gewünscht wird und ohne Verletzung eines Partners zu einer Erhöhung der sexuellen Freuden führt.
Du kannst sicher sein, daß Du hier nichts Neues erfindest. Alles Erdenkliche wurde bereits versucht und erprobt. Aber mit offenem Verstand und freudigem Herzen kannst Du manche große, neue Erregung für Dich selbst herausfinden.

*3. Achte auf die Reize Deines Körpers, die Gott Dir schenkt!*

Als ich eines Nachmittags eine Frau meiner Gemeinde besuchte, stand diese um fünf Uhr plötzlich auf, wandte sich zur Tür und sagte: „Wenn Sie mich jetzt entschuldigen wollen, Herr Dr. Shedd ... John kommt in einer halben Stunde, und die letzten dreißig Minuten brauche ich immer, um mich für ihn zurechtzumachen."
Sie sagte das ganz natürlich. Erst als ihr klar wurde, daß sie mich zum Gehen aufgefordert hatte, errötete sie und war sehr verlegen.
Ich nicht! Ich freute mich über eine solche Frau! Auf dem Heimweg dachte ich darüber nach, um wieviel besser es in der Welt aussähe, wenn jede Ehefrau dreißig Minuten auf diese Weise verwenden wollte. Ich muß noch erwähnen, daß diese Frau fünf schulpflichtige Kinder hat. Frag mich nicht, wie sie ihre Kinderschar auf ihr tägliches Ritual eingestellt hat; ich bin keine Frau, also weiß ich es nicht. Bestimmt weiß ich, daß ihr Mann sie sehr liebt.

Manche Frauen werden nachlässig, sobald sie den Ring am Finger haben. Sie tragen zu Hause Kleider, die besser auf einen Lumpenball paßten. Für manches, was ich an Frauen beobachtet habe, gibt es einfach keine Entschuldigung. Ich habe Frauen in Farbzusammenstellungen gesehen, die mich an eine Bemerkung unseres Freundes Harrison erinnerten. Als er den schauderhaften Teppich sah, den eine großzügige Seele für den Chorraum gespendet hatte, sagte er verblüfft: „Solche Farben gibt es doch überhaupt nicht, oder?"

Vincent sagt vielleicht, er würde Dich immer lieben, wie Du auch aussehen magst. Vielleicht macht es ihm scheinbar nichts aus, wenn Du dick und unförmig wirst. Aber andererseits — bei einem Eurer ersten Schulbälle hatte einer seiner Klassenkameraden nicht gesehen, daß Vincent Arm in Arm mit Dir zum Tanz gekommen war. Und dieser neugierige Kumpan klopfte ihm später auf die Schulter, deutete auf Dich und fragte: „Sag mal, wer ist eigentlich dieses toll gebaute Mädchen?" Diesen Abend wird Dein Mann niemals vergessen!

Du bist ein hübsches Mädchen, und es gibt keinen Grund, warum er nicht ein Leben lang auf die Figur seiner Frau stolz sein soll. Und wenn Du Dich an das Eheversprechen in unserer Kirche erinnerst, weißt Du, daß er gelobt, Dich „in Freud und Leid, in Reichtum und Armut" zu lieben, aber von einer Liebe „durch dick und dünn" ist da kein Wort gesagt.

Selbstverständlich wird alles schwieriger, wenn Du ein Kind erwartest. Gerade in dieser Zeit hast Du es überall mit der schärfsten Konkurrenz zu tun. Vergiß nicht, daß diese Sirenen eine Anziehungskraft haben, mit der man schon manchmal rechnen sollte. Nach meinen Erfahrungen

wird man am besten damit fertig, wenn man dem Mann eine solche Konkurrenz blaß und dürftig erscheinen läßt gegen das, was ihn im eigenen Heim mit offenen Armen erwartet. Kein Weg zu einer anderen Frau kann für einen gesunden Ehemann so anziehend sein wie der Heimweg zu seiner eigenen Frau, wenn er mit ihr schweigend oder offen seine innersten frohen oder trüben Gefühle teilen kann.
Wenn Du zu Hause richtig handelst, brauchst Du Dir keine Gedanken zu machen, wenn er bei einem gemeinsamen Ausgang den Kopf nach einer auffallenden Kombination von Molekülen wendet, die nach Sex-Appeal aussieht. Du hast es weit gebracht, wenn er mit Dir über das spricht, was ihm an anderen Frauen gefällt oder mißfällt.

Die Tatsache, daß Ihr verheiratet seid, bedeutet nicht, daß Ihr nun für die Vorzüge anderer blind geworden seid. Selbst während des Geschlechtsaktes mag es Augenblicke geben, in denen die einander tief liebenden Herzen sich ein wenig verirren. Glücklich die Ehe, in der jeder Partner Gedanken aussprechen kann, die ihn beschäftigen.
Achte auch darauf, daß Du Dich für die Augenblicke der Vorbereitung Eurer Intimitäten so hübsch wie nur möglich kleidest. Ich glaube, ich habe Dir von meinem guten alten Hilfspastor erzählt, der mich eher als einen Sohn betrachtete denn als einen Mitarbeiter. Er hatte nie einen Jungen gehabt und „bevaterte" mich deshalb gern. Auf den verschiedensten Gebieten gab er mir seine Ratschläge, und einer davon ist ein Edelstein, der Deiner Mutter und mir teuer ist: „Mein Sohn", sagte er, „natürlich muß man sparen, aber an zwei Dingen darfst Du niemals knausern: Spare nie am Essen und an der Damenwäsche."

Das ist der weise Rat eines alten Heiligen, der seine Behauptung auf eine fünfzig Jahre währende glückliche Liebe gründete. Wenn Ihr nicht zusammen seid, werden zu den kostbarsten Erinnerungen Deines Mannes die Gedanken an die gemeinsam genossene Schönheit Eures Beisammenseins gehören.

Die Frau wurde mit verführerischen Kräften geschaffen, die im Laufe der Zeit von Sündern mißbraucht und von Moralisten verleumdet wurden. Aber vielleicht ist die Welt für diese Wahrheit einfach noch nicht reif genug: Die Frauen wurden vielleicht gerade deshalb wie sie sind geschaffen, weil sie nur so und nicht anders ihren besonderen Aufgaben gewachsen sind.

Die Geschichte zeigt, daß jede Zivilisation, die ihre Achtung vor der ehelichen Treue verlor, zu einem wertlosen Materialhaufen zerfiel, der für einen Fortbestand nichts mehr nützte.

Der beste Schutz gegen sexuelle Spannungslosigkeit ist eine Frau, die alle Pracht der Weiblichkeit kennt und ihren natürlichen Charme so gut wie möglich ausspielt.

Handle danach, und Du
wirst nie enttäuscht werden!

Dein Vater

*Das liebe Geld*

MEINE LIEBE KAREN,

als wir in unseren ersten Ehetagen noch gemeinsam das Seminar besuchten, gingen Mutter und ich oft in die Lebensmittelabteilung eines Warenhauses. In einer Ecke waren Konservenbüchsen bis zur Decke gestapelt. Man fühlte sich wie vor einem Zinngebirge. Da gab es große, kleine, eckige, runde, dicke, flache, ovale Büchsen — alle Größen und Formen waren vertreten.
Zwischen den Büchsen in jenem Warenhaus und denen, die Du bei unserem Lebensmittelhändler in den Regalen siehst, gab es nur einen Unterschied. Sie hatten alle kein Etikett. Wegen dieses kleinen Mangels kosteten sie nur drei Cent pro Stück.
Eines garantierte der Verkäufer: in jeder Büchse war irgend etwas Eßbares. Er behauptete, nichts sei verdorben; außerdem könnte man bei diesem Preis wahrhaftig nichts verlieren. Man brauchte nur zu zahlen und zu wählen.

Weißt Du, wie man den Unterschied zwischen Pfirsichen und Pflaumen beim Schütteln der Büchse am Klang erkennt? Könntest Du nach dem Gehör Möhren von Erbsen unterscheiden? Nun, Deine Mutter und ich wurden als Konservendosenschüttler fast unfehlbar. Selbstverständlich ist kein Mensch vollkommen. So wählten wir manchmal Paprika zum Nachtisch aus, weil der genau wie Obstcocktail klingt. Zum Glück hatten wir einen Kühlschrank, und die Plastikhüllen waren billig. Also verbrauchten wir auch den Paprika, lachten und aßen nach Herzenslust. Es machte uns viel Spaß, und wir erwarteten immer schon ungeduldig unseren nächsten Besuch am Zinngebirge.

Für drei Dollar konnten wir hundert Büchsen Verpflegung kaufen, und der Händler hatte recht: alles schmeckte gut. Gewiß wünschten wir uns manchmal, endlich von diesem Kleingeldleben befreit zu sein und in den Läden mit den vornehmen Kunden einkaufen zu können. Blicken wir aber jetzt darauf zurück, so gehören diese Tage zu unseren glücklichsten Erinnerungen.

Die Bibel sagt: „Es ist ein köstlich Ding für einen Mann, daß er das Joch in seiner Jugend trage." Und für Frauen ist das nicht minder gut. Für einen Mann und eine Frau ist es nahezu das Beste, wenn sie beide in den ersten Jahren gezwungen sind, fast von der Liebe allein zu leben.

Es ist nicht so wichtig, in was für einem Haus wir leben. Es kommt darauf an, was für ein Leben wir in diesem Hause führen. Was die Couch kostet ist unwichtiger als das, was Ihr Euch dort in Gesprächen, Träumen und Liebkosungen mitteilt.

Am dringendsten braucht Ihr jetzt nicht einen neuen Herd oder neue Töpfe und Pfannen, sondern ein gutes Feuer, das Euch belebt und erwärmt und Eure Herzen erglühen

läßt. Auch wenn es schwer zu glauben ist — Ihr könnt froh sein, daß Eure Mittel noch beschränkt sind.
Da wir schon über das Geld sprechen, so will ich Euch hier das Wort eines unbekannten, aber gewiß klugen Mannes mitteilen: „Ein streng eingehaltener Haushaltsplan ist wie eine lange Unterhose. Wenn man sie braucht, sollte man sie anhaben. Braucht man sie nicht, dann kratzt sie."
Du wirst vermutlich erfahren, daß der Mann recht hat. Du wirst an der Notwendigkeit eines strengen Haushaltsplanes nicht zweifeln, aber manchmal ist er nur schwer zu tragen. Und darum gebe ich Dir hier einige Tips, die sich bei uns als sehr wertvoll erwiesen haben, wie man das Geld am besten einteilt.

Wie Du weißt, haben wir zu Hause in Geldsachen stets nach dem Motto gelebt: *„Gib zehn Prozent, spare zehn Prozent, und gib den Rest voll Lob und Dank aus!"*
Wir haben diesen Entschluß nie bereut. Manche Richtlinien können, wenn sie rechtzeitig beachtet werden, für die Zukunft von großer Bedeutung sein.
Die Verpflichtung, zehn Prozent zu geben, ist nichts für schwache Charaktere. Bei Eurem ersten Verdienst werdet Ihr Euch gemeinsam zusammensetzen und die Rechnungen addieren. Wahrscheinlich geratet Ihr dann in die Versuchung, zur großen Schar derer zu stoßen, die sagen: „Wir haben eben andere Probleme als andere Leute!"
Vielleicht sagt Ihr: „Wenn wir erst mehr verdienen, werden wir auch mehr geben." Aber das werdet Ihr dann nicht mehr können, denn Geben gehört zu den Dingen, die man entweder gleich oder gar nicht tut.
Ihr habt Euer eigenes Leben zu führen, doch Du hast mich ja gebeten, Euch zum Himmel auf Erden zu lotsen — und

das Geld ist eines der Tore, das Euch zu wunderbaren Entdeckungen führt.

Viele Menschen sind heutzutage schrecklich verängstigt, und manche dieser zitternden Seelen sogar durch vielerlei Dinge zugleich. Aber eine der Hauptsorgen ist es doch meistens, daß alle Werte vergehen können, ehe sie ihren Gewinn abgeworfen haben.

Gewiß klammern sich manche an bedrückende Erinnerungen aus ihrer Vergangenheit. Auf ihre Ängste müssen wir Rücksicht nehmen. Aber viele Paare könnten durch eine neue Einstellung zum Geben reichen Segen erlangen. Es genügt nun einmal nicht, viele „Güter" zu besitzen. Diese Dinge sind vergänglich, und das Geheimnis des guten Lebens liegt nicht in der Anhäufung von Reichtümern. Die Entscheidung, von Anfang an zehn Prozent zu geben, kann für Euch in Zeiten des Wohlstandes zu einem Sicherheitsfaktor werden. Jetzt kannst Du es Dir vermutlich kaum vorstellen, aber einmal kommt der Tag, an dem Eure Geldsorgen sich verringern. Viele Menschen stellen sich dann ihre eigenen Regeln auf. Habt Ihr aber gewisse Grundsätze schon in den mageren Jahren angenommen, so werdet Ihr spüren, daß sie als Sicherung wirken, wenn die Früchte Eurer Mühen zu reifen beginnen.

Das also ist die erste Regel: Gebt zehn Prozent — und gebt sie von Anfang an.

Auch das Sparen der zweiten zehn Prozent verlangt strenge Disziplin. Aber aus mehreren Gründen lohnt es sich.

Zunächst einmal kann es verhindern, daß Ihr nicht den närrischen Fehler begeht, Euch zu verausgaben, doch davon wollen wir in unserem nächsten Brief sprechen. Außerdem wird Euch ein gemeinsam vereinbartes Sparprogramm das sichere Gefühl geben, für Eure Zukunft vorzusorgen. Für unvorhergesehene Ausgaben werdet Ihr gerüstet sein, auch für das Studium Eures Sohnes, für eine Reise, die Ihr zur Erweiterung Eures Horizonts braucht, oder für die Hochzeit Eurer lieben Tochter.

Wenn Ihr nach festen Grundsätzen handelt, fällt es Euch leichter, Euch auf bessere Leistungen im Beruf zu konzentrieren. Die Zeit, die Ihr sonst an sorgenvollen Gedanken verschwenden würdet, kann jetzt für zusätzliche Leistung genutzt werden, die Eurer Zukunft eine noch festere Grundlage verschafft.

Schließlich bewahrt Euch das Sparen eines festen Prozentsatzes vor zu großer Sparsamkeit. Auch solche armen Seelen kommen in unsere Sprechstunden. Sie sind ein Opfer des Armutskomplexes, der sie dazu treibt, sich zu stark an zu viel zu klammern.

Diese Leute meinen, wer mehr hat, wird sich seines Reichtums mehr erfreuen, doch sie tun es nicht — manchmal kann man dies an ihren Augen ablesen: Wahres Glück findet man nicht in Aktien, Pfandbriefen und größeren Banknoten. Nicht wegen ihrer Verluste sind diese Menschen traurig. Sie leiden an einer Geldmelancholie, die sich mit ihren Gewinnen steigert. Es ist eine traurige Wahrheit, daß derjenige davon oft besessen wird, der immer mehr besitzen will.

Schließen wir diesen Brief mit einem bekannten Ausspruch, der häufig falsch zitiert wird: „Geld ist die Wurzel allen Übels." Aber so heißt es ursprünglich gar nicht. Richtig lautet der Satz: „Die Liebe zum Geld ist die Wurzel des Irrtums."

Also schau nicht immer nur auf die Einnahmen, sondern sieh zu, ob die Ausgaben in Ordnung sind. Es ist nun einmal so, daß alles, was aus Deiner Tasche fließt, eine unmittelbare Beziehung zu Deinem Einkommen hat. Das ist eine Lebensweisheit.

In seine Schöpfung hat der himmlische Vater einige dieser unfehlbaren Grundsätze eingefügt. Aus Liebe sorgt er für die Bedürfnisse aller seiner Kinder, und er hat seine Welt so eingerichtet, daß diese Bedürfnisse befriedigt werden können. Wenn Du seine Gesetze beachtest und nach ihnen lebst, kann Gott die entlegensten Quellen erschließen, um alle Deine Wünsche zu erfüllen.

Wenn Du Deinen Teil des Bündnisses einhältst, wirst Du bald zu der Erkenntnis gelangen, daß Du nie und nimmer mehr ausgeben kannst, als Gott Dir gibt.

Darum rechne mit ihm!<br>Dein Vater

*Habe nur Deine eigenen Wünsche!*

MEINE LIEBE KAREN,

„Mache soviel wie möglich aus dem, was Du hast; und mache Dir nichts aus dem, was Du nicht haben kannst!"

Diese kleine Weisheit stammt von Großmutter Davidson. Ich nannte sie immer die „Weise von Sugar Creek", so hieß der Ort meiner ersten Pfarrstelle. Großmutter hatte siebenundzwanzig Kinder und Enkel. Es war ein eindrucksvoller Anblick, wenn sie am Sonntag alle an ihrem Tisch saßen. Die Tafel reichte dann durch das ganze Speisezimmer bis zur Wand des angrenzenden Wohnzimmers. Mutter und ich waren verlobt, und so war ich für nützliche Hinweise sehr empfänglich. Während wir ein Gebirge aus Brathähnchenresten abtrugen und zum zweitenmal nach Großmutters selbstgemachtem Eis verlangten, nahm ich ihre Weisheiten in mich auf. Die glücklichen Ehepaare an der langen Tafel hatten genau das, was wir uns wünschten. Sie waren füreinander aufgeschlossen und standen in bestem Einvernehmen mit ihrer Welt.

Während meiner Wochenendbesuche sprach ich oft mit der Großmutter, und eines Tages bat ich sie, mir zu sagen, was sie ihre eigenen Jungen lehrte. Da sie wußte, daß ihr junger Pastor bald „geangelt" werden sollte, wie sie sich ausdrückte, tat sie, was ihre Bibel von ihr verlangte: „Sie tut ihren Mund auf mit Weisheit."

Von den vielen Dingen, die sie mir sagte, nenne ich Dir hier den Satz, den sie oft wiederholte: „Mache soviel wie möglich aus dem, was Du hast; und mache Dir nichts aus dem, was Du nicht haben kannst!"

Offensichtlich waren die glücklichen Ehen ihrer Kinder kein purer Zufall. Sie hatten sich einfach die Worte ihrer Mutter zu Herzen genommen, und ein Merkmal ihrer Liebe war die seltene Eigenschaft, die man bei vielen Ehepaaren vermißt: Sie hatten gelernt, sich ihrer Freuden zu erfreuen und allem dem zu entsagen, was ihnen versagt blieb.

Bei zwei Ratschlägen von Großmutter Davidson wollen wir uns noch ein Weilchen aufhalten. Der eine ist besonders für weibliche Ohren bestimmt, den anderen könnt Ihr vielleicht beide brauchen.

1. *Lobe und rühme dankbar Deinen Mann und Deinen Gott!*

Darüber haben wir bereits gesprochen, aber immer, wenn es den Anschein hat, als führte ich Dich über längst ausgetretene Pfade, kannst Du sicher sein, daß es nur einen einzigen Grund hat, der mich zu Wiederholungen ermuntert. In meiner Beratungsarbeit bin ich zu vielen Frauen begegnet, die glauben, daß sie ihren Mann entweder mit

strengen Befehlen oder mit zarten Andeutungen antreiben können.
Daß manche Männer Faulpelze sind, wissen wir beide. Ihre Trägheit wirkt sich nachteilig auf die ganze Familie aus. Über solche Männer sprechen wir hier nicht. Ich denke vielmehr an die Mehrzahl ernsthafter Arbeiter, die ihr Bestes tun und doch ihre ehrgeizigen Frauen niemals zufriedenstellen können.
Einige Erklärungen unglücklicher Ehemänner sollen erläutern, was ich meine. Die erste entstammt meiner Erfahrung.
Eines Tages hörte ich in meinem Arbeitszimmer einen völlig erschöpften Ehemann sagen: „Ich habe genug! Es ist schrecklich, so etwas zu sagen, aber ich muß es einmal aussprechen. Meine Frau mag an ihrem Platz schon in Ordnung sein, aber sie hat ihren Platz immer noch nicht abgegrenzt. Ich bin so verzweifelt, daß ich sogar die Kinder aufgeben würde, nur um endlich nicht mehr ihr ständiges Nörgeln hören zu müssen!"
Das zweite Beispiel habe ich gelesen. Der Dichter Heinrich Heine soll gesagt haben, falls er vor seiner Frau stürbe, wünschte er sich nur, daß sie noch einmal heirate, damit es wenigstens einen Menschen auf der Welt gebe, der sein Ableben aufrichtig bedaure.
Lies den ersten Fall noch einmal und weine, lies den zweiten und lächle! Aber setze niemals, wirklich niemals, jenes düstere Lächeln auf, das manche Frauen gebrauchen, um die Existenz ihres Mannes zu schmähen.
Wenn Änderungen notwendig sind, dann führt sie vernünftig gemeinsam in ehrlicher und liebevoller Aussprache durch. Füge in Deine Sätze immer wieder Lob für seine besten Leistungen ein, und laß ihn spüren, daß jedes Dei-

ner Worte ihn aufmuntern, nicht aber niederdrücken soll. Dankbarkeit ist auch aus einem anderen Grunde nötig, den Du vielleicht noch nicht bedacht hast. Hin und wieder schießt ein schrecklicher Gedanke durch das Hirn fast jeden Mannes. Wenn er sich nicht wohl fühlt, kann er sich in Ehe und Beruf wie ein Gefangener vorkommen. Einst war er frei, jetzt aber muß er für Frau und Kinder arbeiten und für unzählige andere Dinge des Haushalts, die sein schwer erworbenes Geld förmlich aufsaugen. Wenn es ganz schlimm um ihn bestellt ist, mag er in solchen Augenblicken seine Frau schon einmal als eine besondere Parasiten-Art ansehen. Da sitzt sie nun zu Hause und liest ein interessantes Buch, sieht ein Fernsehspiel, trinkt Kaffee mit ihren Freundinnen, während er schuftet und schuftet, um das alles zu ermöglichen.

Zum Glück sind das meistens nur blitzartige Gedanken, die recht unpersönlich bleiben. Wenn Dein Mann heimkommt, denkt er wahrscheinlich längst nicht mehr daran, das Zusammensein mit Dir wieder gegen das Alleinsein einzutauschen.

Wir haben über freundliche Worte, aufrichtige Dankbarkeit und einen anziehenden Körper als Heilmittel gegen das alles bereits gesprochen. Aber Du solltest noch etwas bedenken. Gewähre ihm seinen gesunden Anteil an allen finanziellen Entscheidungen!

Manchen Scheck schreibt er vielleicht lieber selbst aus. Vielleicht möchte er auch mit allen Rechnungen umgehen. Falls er nicht gerade ein völliger Versager auf finanziellem Gebiet ist (manche Männer sind das), möchte er vielleicht die Kasse verwalten, während Du ihm bewundernd über die Schulter schaust. Besonders in den ersten Jahren braucht sein Selbstbewußtsein vielleicht gerade diese

Schatzmeisterrolle. Wenn Du ihn rühmst und seine eigene Meinung gebührend unterstützt, wird er wohl genau wie Dein Vater eines Tages sagen: „Liebling, willst Du nicht lieber die geldlichen Angelegenheiten übernehmen? Ich habe soviel Wichtigeres zu tun!"

## 2. *Habe nur Deine eigenen Wünsche!*
Irgendein mathematischer Hexenmeister hat herausgefunden, daß eine durchschnittliche, moderne Familie 1158mal täglich einem werbenden Einfluß ausgesetzt ist. Woher er diese Zahl nimmt, weiß ich nicht. Denkt man aber einmal darüber nach, so merkt man, daß fast alles heutzutage vor den Wagen des Handels gespannt ist.

Höre Radio, lies die Zeitung, schalte das Fernsehen ein, blättere in einer Illustrierten — überall tönt Dir der Ruf entgegen: Hier, hier! Das mußt Du kaufen, jenes mußt Du haben, versäume nicht die einmalige Gelegenheit, sei der erste in Deinen Kreisen, der so etwas besitzt; jeder, der etwas auf sich hält, serviert unser neues Getränk; Sie wollen vorankommen? Dann rauchen Sie ... Mutter, Vater, Schwester, Bruder — alle riechen gut mit unserem ... Gehe noch in diesem Augenblick zur Teilzahlungsabteilung ... Gib Dein Geld für eine Flasche von diesem oder jenem aus ... Dies ist genau das Richtige gegen Deine Schmerzen — und falls Du keine Schmerzen hast, ist es auch dagegen unfehlbar.

Die Werbefachleute erwischen Dich, wenn Du nicht aufpaßt, Sie verstehen die Kunst, Dir unversehens die Zufriedenheit zu stehlen. Ihr Stoff wirkt beinahe wie Rauschgift. Man gewöhnt sich leicht daran und kann sich nur schwer wieder davon trennen. Sie überzeugen Dich, daß alles, was Du selbst gemacht hast, nicht so gut sein kann

wie das, was sie für Dich hergestellt haben. Mit der Beredsamkeit eines geübten Demagogen lenken Sie Deinen Blick auf neue Materialien, neue Autos, neue Teppiche oder sonst irgend etwas Neues von entscheidender Anziehungskraft.
Sie leihen Dir sogar das Geld, damit Du es kaufen kannst, und sie machen es Dir leicht! „Kredit durch die Post!" Und bist Du gerade erst einer Verkaufskanone in die Falle gegangen, ist schon die nächste da und fragt: „Sollen wir Ihre Schulden für Sie regeln?"
Als Deine Mutter und ich noch in der Ausbildung waren, haben wir einmal Geld von einem solchen Institut geliehen. Wahrscheinlich war es nicht so, aber ich hatte den Eindruck, daß wir allmonatlich, wenn wir unsere Raten gezahlt hatten, ein wenig mehr schuldeten als zuvor.
Hüte Dich überhaupt vor dem Borgen, muß es aber sein, dann tue es an der richtigen Stelle. Bist Du dabei unvorsichtig, kannst Du leicht mit dem geliehenen Geld in größere Schwierigkeiten geraten als ohne Geld. Ein unbekannter Verseschmied hat es so ausgedrückt:

> „Wenn die Bank nichts leihen will,
> dann kaufe noch nicht ein!
> Was für die Bank nicht günstig ist,
> kann's auch für Dich nicht sein!"

Ich sehe oft genug närrische Leute, die so gierig allerlei Zeug zusammengetragen haben, daß sie sich in ihrer Begeisterung übernommen haben. In ihrer Panik verlangen sie immer mehr und klammern sich so sehr an ihre irdischen Güter, daß ihnen die wahren Werte des Lebens unter den Händen zerrinnen.

Habe also nur Deine eigenen Wünsche! Laß Dir von den Verkaufskanonen nicht das Vergnügen an Deinen gegenwärtigen Freuden nehmen! *Mache soviel wie möglich aus dem, was Du hast; und mache Dir nichts aus dem, was Du nicht haben kannst!*

Deine Rede sei oft nein, nein!
Dein Vater

*Glücklicher Haushalt*

MEINE LIEBE KAREN,

„Eine einzige Stunde am Tag zeigt den ganzen Unterschied zwischen einer guten und einer schlechten Hausfrau!" wird in einem alten englischen Sprichwort behauptet.
Da es nicht meine Lebensaufgabe ist, einen Haushalt zu führen, habe ich auf diesem Gebiet sicher nicht viel Bedeutsames zu sagen. Aber ich komme in viele Familien und habe mancherlei beobachtet. So kann ich jetzt doch einige Dinge in aller Bescheidenheit vortragen, obwohl ich weiß, daß ich mich damit auf fremdes Gebiet begebe.

*1. Gute Hausfrauen können organisieren!*
Die Küster unserer Kirchen lehren wir, daß sie diesen Raum am Montag reinigen sollen, jenen am Dienstag, und daß sie nicht vergessen dürfen, am Samstag den Altarraum für den Sonntagsgottesdienst besonders sorgfältig zu pflegen. Ein strenges System ist überall von Segen.

*2. Gute Hausfrauen sind stolz auf ihren Haushalt!*
Hier gibt es zwei Extreme, und die richtige Lösung wird sich irgendwo in der Mitte finden lassen. Manche Frauen rackern sich ab, um eine Drei-Zimmer-Wohnung in Ordnung zu halten. Es ist nicht wahr, daß alle Magengeschwüre bei Frauen durch die Arbeit in großen Wohnungen entstehen. Wir sagten schon, daß die meisten Männer es bald überdrüssig werden, wenn Frauen sich allzusehr mit Kleinigkeiten und Kleinlichkeiten aufhalten. Ich habe manche sonst gute Ehe gesehen, die durch den Perfektionismus der Frau zerstört wurde.
Das Gegenteil der überordentlichen Hausfrau ist auch nicht besser. Kürzlich war ich in einer Wohnung, in der wir erst Bügelwäsche, Zeitungen, Baseballhandschuhe, Armreifen, Rollschuhe und sogar einen Vogelkäfig von Couch und Sesseln räumen mußten, ehe wir uns setzen konnten. Da ich vom Lande stamme, habe ich auch sofort bemerkt, daß die Zimmerecken zum Maisanbau vorzüglich geeignet waren. Der Schmutz lag hoch genug.
Bei vielen Dingen, und dazu gehört meiner Meinung nach auch der Haushalt, kommt es auf die richtige Mischung an. Sei stolz, aber nicht zu stolz auf Deinen Haushalt! Sei ein wenig nachlässig, aber beileibe nicht zu nachlässig.

*3. Gute Hausfrauen haben Spaß an ihren Pflichten!*
Vielleicht wäre „Vergnügen" ein besseres Wort als Spaß. Die meisten Männer können sich nicht vorstellen, was es alles im Haushalt zu tun gibt. Sie merken es erst, wenn Mutter einmal für einige Zeit ausfällt. Den meisten Männern kommt es nie in den Sinn, daß es da Fußböden zu bohnern, Töpfe zu säubern, Tischtücher zu wechseln, Mö-

bel zu polieren, Windeln zu waschen, Blusen zu bügeln, Tücher zu falten gibt und so weiter und so fort.
Ich zum Beispiel bin überglücklich, daß Gott mich als Mann erschaffen hat. Aber manche Frauen scheinen ihren Haushalt zu lieben; sie finden Vergnügen an ihrer Arbeit und machen sich einen Spaß daraus.
Ich sagte ja schon, der Haushalt ist nicht gerade mein Gebiet, und es wird gut sein, wenn ich dieses unsichere Gelände schnell wieder verlasse. Aber vorher sage ich Dir noch eines meiner Lieblingssprichwörter: „Die meisten Fußabdrücke im Sande der Zeit stammen von Arbeitsschuhen!"

Fröhlichen Haushalt!<br>
Dein Vater

*Würziger Küchenduft*


MEINE LIEBE KAREN,

mein Kommentar über das Kochen bedarf fremder Hilfe. Du weißt, daß ich die Wahrheit sage. Meine Ungeschicklichkeit am Herd ist niemals angezweifelt worden. Jedesmal, wenn Eure Mutter in die Klinik ging, um einen neuen Zweig unseres Familienbaumes heimzubringen, tat ich mein Bestes. Aber mein Bestes war äußerst mangelhaft, und ich höre noch heute den einstimmigen Chor: „Vater, bitte, können wir heute abend nicht ausgehen und ein Paar Würstchen essen?"
Da wir also unter unserem Familiendach einen haben, der „von nichts etwas versteht" (um Deinen älteren Bruder zu zitieren), und die andere eine wahre Meisterin kulinarischer Genüsse ist, habe ich die letztere um Hilfe gebeten. Und nun gab sie mir eines Tages das, was ich meines Erachtens für einen ausgezeichneten Leitfaden halte. Hier hast Du das Alphabet Deiner Mutter für die feinsten

Gerüche und Mahlzeiten. Nur an ganz wenigen Stellen habe ich in Klammern meine Bemerkungen angebracht.

Achte beim Anrichten auf ansprechende Farben. Gelb und Grün, Rot und Braun sorgfältig geordnet verschönen ein Mahl.

Bete bei Tisch. Ich sage „bei" Tisch. Als Dein Vater noch ein Junge war, durfte niemand auch nur einen Bissen anrühren, ehe nicht alle gemeinsam zuvor das Dankgebet gesprochen hatten. Manches dampfend heiße Mahl verlor dabei an Wert. Deshalb haben wir bei uns Gott immer nach oder während der Mahlzeit gedankt. Uns gefällt es so, und ich habe das Gefühl, daß es Gott auch in unserem Hause gefällt.

Chancen, günstig einzukaufen gibt es immer. Es kann zu einem sportlichen Spiel werden, wenn man die Anzeigen studiert, Sonderangebote ausnützt und Wochenmärkte besucht. Man kann dabei sparen und doch Qualitätsware kaufen.

Dein Mann soll sein Frühstück niemals selbst zubereiten. Besonders Jungverheiratete und Mütter müssen früh aufstehen, um ihren Mann bei guter Stimmung zu erhalten.

Essen bei Kerzenlicht sind hin und wieder zu empfehlen. Du weißt, wie glücklich die Brocks miteinander sind. Bei ihnen ist es regelmäßig ein besonderes Ereignis. Jim zieht dann seinen besten Anzug an, Joann ihr hübschestes Kleid. Sie sitzen bei leiser Musik am Kamin, Kerzen brennen, und die Kinder sind vorher versorgt und zu Bett gebracht worden. Sie behaupten, solche Essen seien wahre Höhepunkte für sie.

*F*estliche Gelegenheiten soll man nicht versäumen. Wir haben den 29. jedes Monats zu „unserem" Festtag erklärt, weil wir am 29. Mai geheiratet haben. Du denkst bestimmt gern an unser Galadiner in den Ferien zurück, und ich kann den nächsten 29. kaum noch erwarten.

*G*eld für einen gelegentlichen gemeinsamen Ausgang solltet Ihr immer haben! Vermutlich glaubst Du, künftig viel Zeit zur Entspannung zu finden. Das ist ein Irrtum. Du wirst auch künftig mehr als genug zu tun haben. Deshalb lege etwas von Eurem Geld zurück, damit Ihr Euch bisweilen einen erholsamen und sorglosen Abend leisten könnt.

*H*ab Dein Essen stets pünktlich auf dem Tisch! Schwatzen gehört zu den Lieblingsbeschäftigungen vieler Frauen, aber nie und nimmer darfst Du schwatzen, während Du eigentlich am Herd stehen solltest.

*I*deen muß man haben! Sie sind besonders nützlich, wenn es gilt, Reste schmackhaft zu verwerten!

*J*edes Essen bekommt besser, wenn es bei guter Laune eingenommen wird. Die Stimmung wirkt sich auf die Verdauung aus. Psychiater meinen, daß Magengeschwüre häufiger von Launen als vom Essen kommen.

*K*üsse vor der Mahlzeit schaden nicht! Du kennst ja einen Mann, der dies selbst in aller Öffentlichkeit kann. Wenn es überhaupt einen Augenblick gibt, in dem ich mich wie eine Königin angesichts ihres versammelten Hofstaates fühle, dann ist es dieser.

Laßt Euch nach dem Essen Zeit! Als Dein Vater Dich einmal auf eine Vortragsreise mitgenommen hatte, kehrte er mit einer Lehre zurück, die er nie mehr vergessen hat. Damals warst Du wohl zehn oder elf Jahre alt, und Vater berichtete: „Meilenweit sahen wir immer wieder Hinweisschilder auf die tiefste Schlucht der Welt. Als wir sie endlich erreichten, konnte ich nicht anhalten, wenn ich zum Festessen pünktlich sein wollte. Eine Zeitlang war Karen still, dann sagte sie: ‚Vati, du tust mir leid! Du hast es so eilig, daß du alles Schöne verpaßt!'" In diesem Augenblick hat Vater beschlossen, es künftig weniger eilig zu haben, und Du hast uns mit Deinen Worten allen einen großen Dienst erwiesen.

Manieren, und zwar gute, lassen die Mahlzeit für alle angenehmer werden. Das ist Deine Aufgabe, und Du solltest dafür sorgen, daß die ganze Familie darin nicht nur leere Formeln sieht.

Nahrhaft soll Dein Essen sein! Um der Gesundheit willen sollst Du Deinen Küchenzettel sorgfältig planen.

Oft sollte das Leibgericht Deines Mannes auf den Tisch kommen. Finde heraus, wie er es am liebsten mag, und koche es ihm häufig genug.

Planen ist unerläßlich! Es spart Zeit, Kraft, Aufregung, Ärger, Kopfschmerzen und Geld.

Quäle Dich mit Kochbüchern ab! Wir dürfen Gott danken, daß es Menschen gibt, die mehr als wir von der Kochkunst verstehen.

Regelmäßig gehört ein gut gedeckter Tisch zu einer rechten Mahlzeit. Servietten, Salz und Pfeffer an beiden Tischenden; außerdem sind Blumen in einer hübschen Schale auf der Tischmitte immer zu empfehlen. (Bei uns nicht! Sie werden jedesmal umgestoßen! Vater.)

Seine Freunde soll Dein Mann ruhig mitbringen. Auch die Kinder werden Dich liebhaben, wenn sie ihre Freunde einladen dürfen. Selbstverständlich mußt Du ihm und ihnen beibringen, daß sie es Dir vorher sagen, auch wenn etwas dazwischenkommt. Eine meiner Freundinnen wollte ihrem gedankenlosen Mann eine dauerhafte Lehre erteilen, als sie zufällig hörte, daß sein Chef in der Stadt war. Bestimmt brachte er ihn am Abend mit, aber angerufen hatte er nicht. Also legte sie nur Brot und Wurst auf den Tisch, dazu ein paar Scheiben Frühstücksfleisch, Salat, Tomaten, Senf und saure Gurken. Mehr nicht. Und was geschah? Der große Chef behauptete, er habe seit Wochen kein so vernünftiges Abendessen mehr vorgesetzt bekommen!

Trenne Dich von Fernsehen, Radio und Zeitung! (Du weißt, bei uns wird eine einstimmige Entscheidung verlangt, wenn beim Essen das Fernsehgerät eingeschaltet werden soll. Einen furchtbaren Tag werden Peter und ich niemals vergessen! Die „Lions" spielten gegen die „Bears" um die Meisterschaft. Irgend jemand stimmte mit Nein, und wir durften nicht einschalten. Ich erinnere mich nicht mehr an den Schuldigen. Hier zeigt Gott seinen Kindern übrigens auch wieder seine Güte. Mit der Zeit läßt er uns vergessen, wer wem etwas angetan hat. Vater.)

*U*nerwartete Überraschungen sind immer willkommen! Ein sehr ausgefallenes Gericht, das seine Geschmacksnerven kitzelt, eine erstklassige Nachspeise oder das wunderbare Rezept von Deiner Freundin können Wunder wirken.

*V*iel Abwechslung haben wir schon erwähnt, denn man kann nur zu leicht einer Gewohnheit verfallen. Experimentieren macht Spaß! Tu es, und alle finden an der Abwechslung ihre Freude.

*W*armherzig sollst Du ihn willkommen heißen, wenn er heimkommt, wenn er zu Tisch kommt, wenn er mit seinen Problemen zu Dir kommt, oder wenn er als Liebender zu Dir kommt.

*X*-beliebig viel zu essen schadet nur, aber mancher braucht doch eine zusätzliche Ration, ein anderer wieder nicht. Für Knausrigkeit ist aber niemand zu haben.

*Y* ist ein Buchstabe, mit dem sich wirklich nichts anfangen läßt. Nichts anfangen kann Dein Mann auch mit einer Frau, die ungepflegt wirkt. Sei sauber und pflege Dein hübsches Gesicht, damit Du für ihn noch anziehender wirst!

Zum Schluß ein Wort meiner Freundin: „Ein warmes Essen kann durch eine kaltherzige Köchin verdorben werden." Du mußt lernen, Dich in Deiner Küche wohl zu fühlen und dort Deine Arbeit mit Liebe zu verrichten.

Soweit Deine Mutter. Folge also ihrem Rat und liebe Deinen Mann besonders, wenn Du am Küchenherd stehst. Bei einer kürzlichen Reise durch den Süden hielten wir vor einer kleinen Gaststätte in Kentucky. Über der Tür hing ein Schild: „Nur das Beste für unsre Gäste!" Das ist auch für eine Hausfrau ein gutes Motto, nicht wahr?

Ich wünsche Dir eine schmackhafte Ehe.
Dein Vater

*Im Mißgeschick*

MEINE LIEBE KAREN,

kürzlich war ich in einer Wohnung, in der jemand seine guten Wünsche sorgsam gestickt hatte. Der Sinnspruch hing in einem altmodischen Rahmen und lautete: „Ein paar Wolken müssen sein, wenn der Sonnenuntergang schön sein soll."
Ein hübscher Gedanke, nicht wahr? Ich war aber in dieses Haus gekommen, weil die Wolken dort reichlich tief hingen. Der schöne Sonnenuntergang war gestört, die Zerrüttung lag bedrohend nahe, und der Himmel wurde immer dunkler. Verbitterung und Zorn breiteten sich aus, und das Leben war stürmisch, sehr stürmisch.
Die harte Wirklichkeit zeigte sich deutlicher als die schön gestickten Gedanken. Am liebsten hätte ich den Spruch zur Wand umgedreht, aber ich tat es nicht. Wir hofften ja auf einen neuen Sonnenaufgang, der den Worten einen neuen Sinn geben konnte, aber noch klagten diese Herzen.

Du weißt, daß wir — wie wohl alle Eltern — Euch beiden ein friedliches und glückliches Leben wünschen. Aber das Leben richtet sich nicht immer nach unseren Wünschen. Schwierigkeiten gehören zum Leben der meisten Menschen. Nur wenige scheinen einen dauerhaften Vertrag mit den Glücksgöttern geschlossen zu haben. Bei normalen Sterblichen gibt es Leid und Krankheit, Verlust und Not, Tod und Sorgen.
Was können wir tun, wenn das Leben schwer wird? An einiges sollte man sich erinnern. Nennen wir unsere Kernsätze das „ABC für Zeiten der Not".

*A. Du mußt Dich in Ruhe mit der Tatsache abfinden, daß Schweres und Trauriges Dir nicht erspart bleiben werden.*
Ich will Dich gewiß nicht trübe stimmen, trotzdem muß ich Dir sagen, daß ich viele närrische junge Paare kennenlerne, die blind unter der falschen Vorstellung leben, daß eine Liebe wie die ihre sie vor allen Stürmen und allem Unglück bewahren werde. Sie betrachten ihren Trauschein als einen Garantieschein für ein sorgloses Leben.
Die richtige Einstellung erlangt Ihr, wenn Ihr gemeinsam sagen könnt: „Wir versuchen mit ganzem Herzen, eine glückliche Ehe zu führen; aber wir erwarten nicht, das Gelobte Land zu erreichen, ohne zuvor gemeinsam Wüsten durchqueren zu müssen."

*B. Gott hat seinen Kindern nicht Befreiung von Sorgen verheißen.*
Er gelobte nur, daß er uns beistehen wird, wenn Donner grollen und Blitze zucken. Ich freue mich, daß Du den Wert eines festen religiösen Glaubens kennst.

Wir werden darüber zum Schluß ausführlicher sprechen. Viele Menschen brauchen nichts so sehr wie ein neues Lebensverständnis und eine bedingungslose Gemeinschaft mit Gott. Sie halten sich für „religiös", wenn sie sonntags zur Kirche gehen. Verlassen sie ihren Platz in der Kirchenbank, dann ist es, als winkten sie Gott noch einmal zu und sagten: „Also dann, bis nächste Woche!"
Ein mir befreundeter Nervenarzt schickte mir kürzlich einen seiner Patienten. Als er mich anrief, um einen Zeitpunkt zu vereinbaren, bemerkte er: „Ich glaube, wir sind mit seinen Problemen schon gut vorangekommen. Er ist Kirchgänger, und Du kannst ihm vielleicht helfen. Er braucht jetzt jemand, der mit ihm den einmal beschrittenen Weg weitergeht. Er hat alle Antworten im Kopf; jetzt muß er sie in seinem Herzen finden."
Zum Glück ist das nicht Dein Problem. Du bist Gott seit langem nahe, und Du kannst beten. Du hast begriffen, daß Sorgen kein Zeichen dafür sind, daß Gott Dich verlassen hat. Sie können ihm vielmehr dazu dienen, Dich emporzuheben — wenn Du es zuläßt.

*C. Ihr müßt fest daran glauben, daß die schweren Dinge Eures Lebens Eurer Ehe als Siegel, nicht als Keil dienen sollen.*

Vielleicht können wir das mit einer amüsanten Geschichte erklären, die ich von einem rauhen alten Hirten in Colorado hörte. Er sagte, wenn eine Meute wilder Hunde angreift oder die Kojoten kommen, verhalten sich Wildesel und Wildpferde sehr unterschiedlich. Die Pferde stecken dann die Köpfe eng zusammen, kehren die Schweife gegen den Feind und gehen daran, ihren Angreifern den Teufel aus dem Leib zu schlagen. Die Esel aber drängen sich mit den Hinterzeilen zusammen, kehren dem Feind die Köpfe zu und treffen sich gegenseitig, wenn sie ausschlagen.

Ich weiß nicht, ob er mir mit dieser Geschichte nur einen Bären aufbinden wollte, wie er es so gern tat. Aber sie hat ihren Sinn, nicht wahr?

Besonders enthält sie, so meine ich, eine Botschaft an Eheleute. Es tut mir leid, aber ich muß es schon sagen, daß die meisten Paare, die in mein Beratungszimmer kommen, mich eher an die wilden Esel erinnern. Sie schlagen heftig aus und treffen ihren Partner, sich selbst oder ihre Ehe.

Diese Eheleute haben offensichtlich ihr „ABC für Zeiten der Not" nicht gut gelernt.

Ich kenne einen merkenswerten Leitfaden für eine erfolgreiche Ehe: „Wir wissen nicht, warum das Leben so und nicht anders verläuft. Aber eines wissen wir: Was sich ereignet, ist nicht so wichtig wie das, was wir aus den Ereignissen machen. Eines Tages scheint die Sonne wieder, und dann werden wir bessere, reinere Menschen sein. Gott ist niemals weit entfernt! Nichts soll uns voneinander und von ihm trennen!"

                                        Seid mutig!
                                        Dein Vater

*Der Blick nach draußen*

Meine liebe Karen,

in einer wahren Liebe blickt man dem anderen nicht unablässig starr in die Augen. Im letzten Brief haben wir darüber gesprochen, daß es manchmal darauf ankommt, sich fest ins Auge zu sehen; aber es ist sicher nicht der einzige Sinn der Ehe, einander verliebt zu betrachten.
Wir wollen also darüber reden, daß Ihr die Fenster Eures Hauses sauberhalten müßt, um auch hinausschauen zu können. Kürzlich hörte ich einen Psychiater über geistige Gesundheit sprechen. Er sagte, er habe einem seiner Patienten den folgenden Rat gegeben: „Sie sollten einige Fenster in ihre Selbstsucht brechen. Dann kann nicht nur die Sonne eindringen, sondern Sie selbst können auch hinausschauen. Sehen Sie den spielenden Kindern zu! Beachten Sie den Nachbarn im Garten bei seiner Arbeit! Beobachten Sie die vorübergehenden Menschen auf der Straße! Zählen Sie die vorbeifahrenden Wagen! Das wird eine

ausgezeichnete Therapie sein. Sie haben nämlich vergessen, daß es außer Ihnen auch noch andere Menschen auf der Welt gibt."
Dieser Arzt berührte hier eines der Hauptprobleme jedes Beraters. Manche Paare schauen zu wenig auf ihren Gefährten. Andere verlangen nur danach, einander anzuschauen. Und dann gibt es auch jene, deren Heil davon abhängt, gemeinsam nach draußen zu schauen.

Wie lassen sich diese Gedanken nun praktisch anwenden? Mit den „Freunden" wollen wir beginnen.
Für Dich und Vincent ist es wunderbar, einander die besten Freunde zu sein. Ich habe auch manche eheliche Freundschaft gesehen, die als ein zartes „Ich und Du"-Verhältnis begann und niemals darüber hinausgelangte. Ich hoffe, Ihr werdet Euch behaglich in Eure eigene Umgebung kuscheln. Aber diese Umgebung darf Euch niemals so sehr einengen, daß Ihr Eure Wärme nicht mehr mit Freunden teilt.
Manche der selbstsüchtigen Häuser mit den verriegelten Türen sind wohl kaum mehr viel als Brutstätten für den beiderseitigen Narzißmus. Sucht also nach Freunden, die Ihr an Eurer Liebe teilhaben laßt, denn auch aus diesem Grund wurde sie Euch gegeben. Selbstsucht in jeder Form ist Sünde, und wenn Ihr nicht die Liebe ausstrahlt, die Gott Euch geschenkt hat, könnt Ihr der Welt eher zum Bösen als zum Segen gereichen.
Daß Du Deine Freunde sorgsam auswählen wirst, wissen wir aus Deiner Vergangenheit. In der Ehe können gewisse Freundschaften den Verstand erweitern, andere regen ein gemeinsames Lachen an, und wieder andere sind wie schattenspendende Bäume.

Es gibt auch gefährliche Freundschaften, die allmählich Dein Gefühl für alles Heilige untergraben, wenn Du ihren herabwürdigenden Einfluß nicht bemerkst. Sie gehören jener Gesellschaftsschicht an, die Dich zu einer moralischen Entwertung der Zeit mit herabreißen wollen. In einer Gruppe, in der „alles geht", mag sehr wohl bald alles vergangen sein, ehe jemand den Mut aufbringt, anders zu sein.

Du warst noch nie ein Tugendbold, und ich bin sicher, Ihr werdet nicht plötzlich zwei Tugendbolde werden, wenn Ihr Euch in Eurer Frömmigkeit verbindet. Aber es gibt einen erheblichen Unterschied zwischen Prüderie und wahrer innerer Sauberkeit. Bisweilen kann die Seelenkraft eines Paares zum Segen für andere werden, die nur ein Leitbild brauchen. In manchen Situationen ist die einzige Lösung ein eindeutiges Lebewohl. Ob Du allein stehst oder Gefährten findest, die nur darauf warten, daß jemand die Initiative ergreift, ist dabei gleichgültig. Wichtig ist nur, nicht zu vergessen, daß Du auf der Welt bist, um sie zu verändern, nicht um Dich ändern zu lassen.

Eine andere Bindung nach außen, die berücksichtigt sein will, ist die zu den eigenen und angeheirateten Verwandten. Hoffentlich werden Deine Beziehungen zur Verwandtschaft im Laufe der Jahre immer angenehmer. Manchmal verläuft die Entwicklung genau in entgegengesetzter Richtung. Viele Menschen klopfen deshalb an die Tür meines Beratungszimmers.

Manche Schwierigkeiten entstehen dadurch, daß Mann oder Frau beständig darauf aus sind, den „lieben alten Papa" oder die „großartige Mama" zu beweihräuchern. Andere wieder nähren bitteren Haß, der leicht zu verstehen ist, wenn man berücksichtigt, wie sie behandelt wurden.

Ich hoffe, das Schicksal wird Dir solche Probleme ersparen. Sollte das nicht der Fall sein, dann mußt Du eines bedenken: Wenn Du Deine oder Deines Mannes Verwandtschaft an den ihr zukommenden Platz verweisen willst, dann erinnere Dich daran, daß bei manchen Leuten nur das zählt, was Du nicht sagst!
Gut wird es jedoch immer sein, hin und wieder in das Heim zurückzukehren, aus dem Du gekommen bist. Gespannte Beziehungen spannen sich zumeist noch mehr, wenn Du fortbleibst. Niemals wirst Du wirklich vollkommenen Frieden finden, wenn Du nicht zu irgendeinem Frieden mit Schwagern und Schwägerinnen, Schwiegereltern, Tanten, Onkeln, Neffen, Nichten und der ganzen übrigen Verwandtschaft gelangt bist. Das läßt sich erreichen, selbst wenn der einzige Friede in all diesen mannigfachen Beziehungen der Friede in Deiner Seele ist.
Eine wichtige Tür zur Außenwelt trägt die Aufschrift: gesellschaftliche Mitarbeit!
Du kannst in keine Stadt ziehen, Dein Haus auf kein entlegenes Stück Land bauen, ohne in eine Gegend zu kommen, in der es unglückliche Menschen gibt.
Manche Paare nehmen die bedrückten Gesichter der Verlassenen und Leidenden in ihrer Umgebung gewissermaßen als Teil der Landschaft hin. Andere sind entsetzt und fühlen sich bedrückt. Dann wenden sie sich ab und kommen sich edel vor, weil sie sich bedrückt gefühlt haben.
Manche Wortpatrioten werden zu Lehnstuhlkritikern. Ihre Zielscheibe sind für gewöhnlich die Regierung oder „die da oben", die am einfachsten zu kritisieren sind. Solche Leute werden Dich an ihrer fragwürdigen Weisheit teilhaben lassen, solange Du ihnen zuhören willst. Ihre Worte bleiben aber fast immer ein unzureichender Ersatz für Taten.

Es gibt auch verkannte Heilige, die in ihr Kämmerlein gehen, um für die Unglücklichen der Welt zu beten. Das ist gut, solange es nicht die einzige Hilfe bleibt. Gott will uns nicht auf den Knien sehen, wenn wir eigentlich aufstehen müßten, um ein Übel zu bekämpfen, neue Wege zu suchen, Kanäle zu graben, Pfade zu räumen und zu tun, was wir können, um den Arm der Barmherzigkeit auszustrecken, wo es notwendig ist.

Wenn Du Dich einer wichtigen Sache annimmst, wirst Du Enttäuschungen erleben. Oft möchtest Du dann fragen: „Was hilft schon unsere kleine Mühe gegen soviel Not?" Aber Du wirst in Deinem aufrichtigen Bemühen auch eine Quelle der Zufriedenheit finden, die Zufriedenheit derer nämlich, denen es nicht genügt, ihre Aufgabe nur im Kampf gegen Armut, Krankheit und Einsamkeit zu sehen.

Vielleicht willst Du an einer Gemeinschaftsaufgabe mitwirken. Vielleicht fühlst Du einen inneren Drang, gegen eine Beleidigung unserer menschlichen Gesellschaft anzugehen, die Du täglich beobachten kannst. Dann mußt Du Bequemlichkeit und Sicherheitsdenken aufgeben und Deine Stimme erheben, auch wenn Du mißverstanden werden solltest. Große Werke haben durch einzelne Stimmen ihren Anfang genommen, wenn keine andere Stimme einfallen konnte oder wollte.

Hin und wieder mußt Du aber auch prüfen, ob Du von einer „guten Sache" nicht so stark in Anspruch genommen bist, daß Deine Hauptaufgaben darunter leiden. Da fällt mir die Geschichte eines Mannes ein, der seine Frau eines Abends mit einem Ruck wieder auf die Erde zurückbrachte. Sie kam spät von ihrer politischen Versammlung nach Hause, ließ sich in einen Sessel sinken, schleuderte die Schuhe von den Füßen und verkündete: „Es war großartig,

Henry! Wir werden diesen Staat jetzt endlich säubern!"
Der arme Henry hatte inzwischen gespült, die Kinder in die Betten gebracht und sich mit dem Staubsauger abgequält. Jetzt hörte er seiner Frau aufmerksam zu und entgegnete dann scharf: „Das klingt großartig! Warum fängst Du nicht gleich mit dem Wohnzimmer an?"
Man muß auch bedenken, daß man das Gute durchaus aus schlechten Beweggründen tun kann. Manche Reformer suchen in all ihrem Wirken nur Selbstbestätigung. Das ist nicht gut. Die Welt benötigt nur die aufrichtigsten Stimmen für rechtschaffene soziale Arbeit. Die „fußkranken" Wohltäter mögen manches Gute vollbringen; sie können auf die Dauer aber auch das untergraben, was die Gesunden aufbauen.
In unseren Gemeinden erleben wir manchmal diese „Brüder und Schwestern im Kampf für eine gute Sache". Sie sind stets beschäftigt, dabei verdrießlich und übereifrig, aber zutiefst überzeugt, daß ihnen allein auferlegt wurde, für die Erlösung aller zu sorgen. Ein Merkmal eines vollkommen aufrichtigen Dienstes für die Gemeinschaft ist es, wenn man sich bewußt ist, daß man nicht die ganze Erde allein reinigen kann.
Zwei verbreitete Krankheiten gibt es hier. Die eine: Man führt Kreuzzüge auf Gebieten durch, die anderen Reformern vorbehalten sind. Die zweite: Wir verschließen unsere Türen, wenn ein Ruf wirklich uns gilt.
Die Philosophie des „Wir wollen uns heraushalten" ist nichts für Menschen mit Deinen Fähigkeiten. Die wachsende Apathie ist eine wirkliche Gefahr für unser Volk. Wenn zu viele Menschen gleichgültig werden, ist der nächste Schritt vielleicht die Gleichgültigkeit gegenüber der Gleichgültigkeit, und das kann ein Zeichen des nahen Endes

sein. Es deutet stets auf Zerfall hin, wenn wir uns nur deswegen für gut halten, weil wir nichts Böses tun.
Wenn Deine Ehe gesund ist, wirst Du also auch manchmal nach draußen sehen, hinausgehen und den Mund auftun. Aber bedenke stets die Motive, die Dich dazu veranlassen. Das Hauptmotiv ist eng mit Deinem Lebenssinn verbunden. In einem anderen Brief werden wir darauf zurückkommen, daß Du nicht auf der Welt bist und einem anderen Menschen in den Arm gelegt wurdest, um nur Dir selbst zu dienen.
Es ist eine große Erkenntnis für jedes Paar, daß es noch Wichtigeres auf der Welt gibt als sein eigenes Glück. Ich hoffe, Du wirst die Freude verspüren, die Welt ein wenig besser zu hinterlassen, als Du sie vorgefunden hast.

        Ich wünsche Dir große Gedanken!
                                      Dein Vater

*Wenn nichts hilft*

MEINE LIEBE KAREN,

ich möchte Dir durchaus nicht einreden, daß alle guten Frauen auch gute Männer haben, denn das ist nicht wahr. Für gewöhnlich bekommt man zwar, was man verdient, doch manche Menschen zahlen auch den vollen Preis und erhalten keinen Gegenwert. Es gibt Männer, die sich auch für die beste aller Frauen als schlechte Partner erweisen. Die Frau mag ihm alles geben — der Mann nimmt und gibt nichts dafür.
Es gibt keinen bedrückenderen Anblick als eine Frau mit gebrochenem Herzen, die ihre ganze Seele in ihre Ehe legte und nur zerbrochene Träume dafür empfangen hat.
Man sagt, das Leben sei zu zehn Prozent das, was man daraus macht, und zu neunzig Prozent das, wie man damit fertig wird. Das ist eine kluge Bemerkung, aber wie so viele solcher Kernsätze trifft sie nicht das ganze Problem. Ich habe Frauen gesehen, die neunzig oder auch neunund-

neunzig Prozent des Weges gegangen sind und doch nicht dafür belohnt wurden.
Selbstverständlich hat das alles nichts mit Dir und Vincent zu tun. Wir wissen, daß Eure Ehe glücklich und erfolgreich sein wird.
Aber ich schreibe diesen Brief, um Dich zu bitten, denen ganz besondere Freundlichkeit entgegenzubringen, die weniger glücklich sind als Du. Sie brauchen die behutsamste Anteilnahme. Sie brauchen offene Ohren und aufrichtige Freunde, die ihre Tränen teilen. Wenn Du also in Deiner Umgebung solche Menschen antriffst, dann öffne Ihnen eilig Dein Herz mit aufrichtigem Mitgefühl. Und Du wirst dann auch Deine Lippen öffnen wollen zu einem Gebet für ein Morgen, das besser ist als das bedrückende Gestern.
Je glücklicher Du bist, desto mehr Platz muß in Deinem Herzen für jene sein, die es im Leben nicht so gut und schön angetroffen haben wie Du.
Neun kleine Buchstaben formen ein bedeutendes Wort: *Mitgefühl!*

        Ich wünsche Dir ein mitfühlendes Herz!
Dein Vater

*Größer als Ihr zwei*

Meine liebe Karen,

„Ich bete Dich an!" „Du bist ein Engel!" „Unsere Liebe ist himmlisch!" Den Ohren Verliebter klingen solche Sätze stets angenehm. Du solltest aber auch sicher sein, sie in ihrem wirklichen Sinn zu verstehen.
Selbstbewunderung mag gut sein, und zwei Menschen, die sich gegenseitig bewundern, sind noch besser. Es kann aber auch krankhaft, sehr krankhaft sein, wenn diese Anbetung des anderen nicht Teil einer größeren Ehrerbietung ist.
Aus der Schule wirst Du Dich erinnern, daß unser Sonnensystem von der Sonne zusammengehalten wird. Die Welt mit allem, was darin ist, auch mit Vincent und Dir, zerfiele in Staub, wenn da nicht jene magnetische Kraft wäre, die alles zusammenhält.
So ist es auch mit der Ehe. Zwei Menschen mögen in entgegengesetzten Hemisphären geboren oder im selben

Häuserblock aufgewachsen sein — wichtig ist nur eines: Werden sie durch eine heilige Liebe zusammengehalten, die stärker ist als ihre eigene?

Das ist die Grundfrage einer unentrinnbaren Tatsache, denn selbst das „göttlichste" Geschöpf auf Erden hat eines mit jedem gewöhnlichen Sterblichen gemein — das Menschsein!

Bei unserem gegenwärtigen Entwicklungsstand gehört zur Grundausstattung jedes Exemplars des Homo sapiens eine angeborene Neigung zur Selbstsucht.

Tatsächlich haben sich die meisten von uns nicht weit genug entwickelt, um frei von diesem Instinkt der Selbsterhaltung zu sein.

„Ich bin der Herr im Hause!" „Ich tue, was ich will!" das sind Aussprüche, die unter der Hülle jeder Ehe lauern, wenn die Liebeslieder erst verklungen sind.

Du nimmst Dir vielleicht vor, stets zuerst an den anderen zu denken. Du wirst versuchen, das Leben mit seinen Augen zu sehen. Du willst den ganzen Tag über lieb, freundlich und zart sein. Wenn Du aber nur ein wenig wie Dein Vater bist, dann sind diese guten Vorsätze schon nach dreißig Minuten nichts mehr als eine schöne Theorie, die von einer brutalen Bande von Tatsachen vernichtet wurde.

Wie also werden wir mit diesem Dilemma fertig?

Die Antwort, wie ich sie in der eigenen Ehe erfahren und in zahllosen Eheberatungen kennengelernt habe, ist das Thema dieses Briefes.

Hier liegt der Schlüssel aller Schlüssel zu einer vollkommenen Ehe: Das Paar, das erkannt hat, daß ihre Ehe einem Größeren dient als ihnen selbst, hat die geheime Pforte zur idealen Ehe entdeckt.

Überlegen wir, wie Ihr Euer gemeinsames Leben in diesen gesegneten Stand bringen könnt.

Kürzlich hörte ich von einem mathematikfreudigen Geistlichen einen interessanten Bericht im Radio. Er ging von der Tatsache aus, daß jede vierte Ehe mit der Scheidung endet. Bei Familien, die regelmäßig gemeinsam zur Kirche gehen, wird nur noch jede vierundfünfzigste Ehe getrennt, und bei Ehepaaren, die gemeinsam beten, liegt das Verhältnis nur noch bei eins zu fünfhundert.

Er sagte nicht, woher seine Zahlen stammten, doch nachdem ich ihn angehört hatte, dachte ich über meine eigenen Erfahrungen nach.

In zwanzig Jahren habe ich schätzungsweise mehr als zweitausend Ehepaare beraten, die mit ihren Schwierigkeiten einzeln oder gemeinsam zu mir kamen. Ihre Probleme reichten von belanglosen Nichtigkeiten bis zu entsetzlichen Katastrophen.

Und nun höre gut zu: Ich habe niemals versuchen müssen, eine Ehe zu heilen, in der die Partner miteinander beteten. (Einige, vielleicht ein Dutzend, sagten: „Früher haben wir's getan.")

Keine von allen Ehen, denen ich begegnete, war unheilbar zerrüttet, wenn die Partner im Gebet ihre Hände gemeinsam in die Hand Gottes legten.

Ich will Dir die Gebetsschritte nennen, die ich Hunderten von Paaren empfohlen habe.

1. Werdet Euch darüber einig, daß Ihr täglich eine gewisse Zeit darauf verwenden wollt, gemeinsam zu Gott aufzuschauen.

2. Wählt ein Andachtsbuch, das Euch gefällt. Es gibt sie in genügender Zahl.

3. Setzt Euch zur festgelegten Zeit still zusammen und laßt einen von Euch den Tagestext lesen.
4. Besprecht, was der Inhalt Eurer Gebete sein soll. Wenn Vincent sich berufliche Sorgen macht, begrüßt er wahrscheinlich die Gelegenheit, Dir davon zu erzählen. Vielleicht wirst Du ihm sagen, daß er Dich am Morgen verletzt hat und daß es Dir nicht gelungen ist, es zu vergessen. Dabei kannst Du Erklärungen erbitten, wenn sie notwendig sind, aber Ihr solltet nicht streiten. Sagt einander einfach, was Ihr auf dem Herzen habt.
5. Haltet Euch an den Händen, senkt die Köpfe und betet stumm zu Gott. Wahrscheinlich wird es besser sein, wenn Ihr anfangs nicht laut betet. Es könnte Euch zuerst so schwierig erscheinen und Euch so verlegen machen, daß Ihr es nach wenigen Versuchen wieder aufgeben würdet.
6. Wenn Ihr fühlt, daß Ihr zu Gott vorgedrungen seid, betet gemeinsam das Vaterunser.

Bisweilen wird Euer Gebet hauptsächlich aus stummem Lauschen bestehen. Allmählich wird Euer Wahrnehmungsvermögen verfeinert, bis Ihr begreift, daß man nicht betet, um von Gott zu erhalten, was man sich wünscht, sondern damit Gott bekommt, was er von Euch verlangt.
Ihr werdet auch verstehen, daß das Gebet weder aus Betteln noch Jammern bestehen soll. Es ist ein Sichöffnen für Gott, der an die Türen Eurer Herzen pocht. Wenn Ihr diese Türen bewußt oder unbewußt öffnet, könnt Ihr recht beten. Ihr werdet eine große Entdeckung machen, wenn Ihr fühlt, daß der erste Schritt in der Gott-Mensch-Beziehung stets von Gott ausgeht. Er ist immer auf der Suche nach Menschen, in die er eindringen kann, um durch sie die Welt mit seiner Liebe zu erhellen.

Man braucht Zeit, um gemeinsam beten zu lernen, wie alle großen Dinge in der Ehe ihre Zeit brauchen. Aber es ist gut und notwendig, nicht wahr? Gott ist die Liebe, und Ihr glaubt beide, daß er Euch zusammengeführt hat. Je mehr Ihr also seine göttliche Liebe in Eure menschliche Liebe einströmen laßt, desto besser wird Eure Liebe gedeihen.

Wichtig ist dabei das gemeinsame Lernen und Üben. Kommt nur einer voran, während der andere stillsteht, so kann das gefährlich sein. Die Ehe soll den Abstand zwischen zwei Menschen nicht vergrößern, sondern die Abgründe der Unterschiede zuschütten, bis zwei getrennte Leben sich endlich um einen heiligen Mittelpunkt vereinen, der das Leben ist, wie es sein soll.

Was ich hier sage, ist nicht etwa reine Theorie. Hin und wieder habe ich Ehen gesehen, die hoffnungslos zerrüttet zu sein schienen, und die doch durch das gemeinsame stumme Gebet zu neuem Leben erwacht sind.

Ich spreche aber auch aus persönlicher Erfahrung. Deine Mutter nahm eine schwere Aufgabe auf sich, als sie mit mir zum Altar ging und meine Hand nahm.

Bald hatte sie erkannt, daß sie in dem großen Jungen, der ihr Mann geworden war, manche widerstreitenden Elemente erst zusammenfügen mußte. Einen harten, vielfach verwundeten und mit sich uneinigen Mann mußte sie mit ihrer inneren Ruhe, ihrer Sanftheit und ihrer zarten Weiblichkeit in Einklang bringen.

Du weißt, wie sie es geschafft hat. Ich sah, wie sie am frühen Morgen über ihrer Bibel und ihren Büchern saß. Sie nannte das ihre „stille Zeit", und ich begriff allmählich, daß sie daraus ihre Heiterkeit der Seele schöpfte, durch die sie mich von meiner Verwirrung heilte.

In meiner Verzweiflung bat ich sie eines Morgens, mich auch an ihre „stille Quelle" zu führen. Sie nahm mich in ihre Gebetsschule, und darum weiß ich aus erster Hand, daß hier wirklich der Schlüssel aller Schlüssel liegt.
Heute, nach sechsundzwanzig Ehejahren, bin ich für ihre anregende Nähe empfänglicher als je zuvor. Wenn ich ihr unerwartet in einer Menschenmenge begegne, spüre ich etwas wie ein frohes Lied in mir. Wenn ich sie in der Öffentlichkeit ansehe, ist es, als gäbe sie mir ein Zeichen und riefe mir genau das Wort zu, nach dem ich gerade gesucht habe. Wenn ich abends heimfahre, muß ich mich in acht nehmen, daß der Fuß nicht zu sehr auf das Gaspedal tritt, weil ich sonst immer schneller fahren würde, je mehr ich mich dem Haus nähere, in dem sie mich erwartet. Ich empfinde es noch immer als den schönsten Augenblick des Tages, wenn sie mir zur Begrüßung entgegeneilt, mich küßt und sich fest an mich schmiegt. Und wenn ich auf den Lebensweg schaue, den wir noch gemeinsam gehen wollen, dann sehe ich einen alternden Mann und eine alternde Frau Hand in Hand dem Sonnenuntergang entgegengehen. Ich weiß in meinem Herzen, daß das Ende schöner sein wird als der Anfang.
Ich könnte Vincent nichts Größeres wünschen, als daß seine Frau ihn so, wie Deine Mutter mich leitete, zu den Geheimnissen einer göttlichen Gemeinschaft führen möge, wo zwei Leben zu einer heiligen Dreieinheit verbunden werden. Denn die Ehe sollte eine heilige, dreifache Verbindung zwischen Gott, Dir und Deinem Mann sein für immer und allezeit.

In treuem Gebet,<br>
Dein Vater